ONDE ESTEVE O CORPO
NOS ÚLTIMOS DOIS MIL ANOS?

ONDE ESTEVE O CORPO NOS ÚLTIMOS DOIS MIL ANOS?
A história da igreja para iniciantes

David Pawson

ANCHOR

Copyright © 2023 David Pawson Ministry CIO

Onde Esteve o Corpo nos Últimos Dois Mil Anos?
English original: Where Has The Body Been For 2000 Years?

Os direitos autorais referentes a este livro são assegurados a David Pawson, de acordo com a Lei de Direitos Autorais, Desenhos Industriais e Patentes de 1988 (Reino Unido).

Esta tradução para o português foi publicada pela primeira vez na Inglaterra, em 2023, por Anchor, nome comercial de David Pawson Publishing Ltd.
Synegis House, 21 Crockhamwell Road,
Woodley, Reading RG5 3LE, UK

Traduzido por Cláudia Vassão Ruggiero
Revisado por Elisabete da Fonseca
Diagramado por Fernando Marques

Nenhuma parte desta publicação pode ser reproduzida ou distribuída, em qualquer forma ou por quaisquer meios, sejam eles eletrônicos ou mecânicos, incluindo fotocópias e gravações, ou por qualquer sistema de armazenamento e recuperação de informações, sem autorização prévia, por escrito, da Editora.

A menos que indicado de outra forma, todas as referências das Escrituras são da Bíblia Sagrada, Nova Versão Internacional®, NVI® Copyright © 1993, 2000 by Biblica®. Usado com permissão. Todos os direitos reservados.

Para obter outros materiais de ensino de David Pawson, inclusive DVDs e CDs, acesse
www.davidpawson.com

PARA DOWNLOADS GRATUITOS
www.davidpawson.org

Mais informações pelo e-mail
info@davidpawsonministry.org

ISBN 978-1-913472-72-6

Impresso por Ingram Spark

Conteúdo

Prefácio 7

1 Como a igreja primitiva ganhou o mundo? 9

2 Como o mundo se infiltrou na igreja primitiva? 37

3 A "Era das Trevas" (400-1000 d.C.) 47

4 A Idade Média (1000-1500 d.C.) 57

5 A Reforma 73

6 Os reformadores, os católicos-romanos e os radicais 93

7 O século 17 117

8 O século 18 135

9 O século 19 - Parte 1 (1800-1850 d.C.) 159

10 O século 19 - Parte 2 (1850-1900 d.C.) 179

11 Alguns desdobramentos do século 2000 199

12 A Igreja no futuro 219

PREFÁCIO

Este livro começou com uma série de conversas semanais informais no período em que pastoreei duas igrejas batistas: uma em Chalfont St. Peter, Buckinghamshire, e a outra em Guilford, Surrey, ambas na Inglaterra. Isso explica algumas de suas caraterísticas.

Primeiramente, por se tratar de transcrições de gravações, o estilo do texto é mais coloquial.

Em segundo lugar, o texto faz referência a eventos locais, tanto históricos quanto geográficos.

Terceiro, a ausência de menções a acontecimentos dos últimos anos, que já nos são conhecidos.

Eu havia percebido que muitos membros da igreja sabem pouco ou quase nada sobre a história do cristianismo no período entre a época do Novo Testamento e os dias de hoje. Por essa razão, não se davam conta do quanto haviam sido influenciados pelas tradições desenvolvidas durante esse período. Essas influências podem ser tanto positivas quanto negativas.

Podem ser negativas porque "quem não conhece a história está fadado a repeti-la". Muitos de nossos erros e equívocos já foram cometidos anteriormente; e podemos aprender com nossos antepassados como evitá-los. E podem ser positivas porque é tão rica a nossa herança, que seria tolice ignorá-la. Podemos nos inspirar no exemplo dos gigantes espirituais que viveram antes de nós, afinal, ansiamos por um encontro pessoal com eles na glória.

Uma parte agradável de nosso tempo juntos era concluir cada "palestra" com hinos compostos no período analisado, algo que nos colocava em contato direto com o amor daquelas pessoas pelo nosso Senhor. Os cultos em que predominam cânticos contemporâneos ocultam dos participantes o tesouro escondido em hinários mais antigos.

Não é minha pretensão oferecer um relato completo ou sequer adequado da história da igreja. Encare este livro como uma coleção de esboços impressionistas. Meu foco sempre foi o que podemos aprender com o passado e aplicá-lo à nossa própria missão no presente.

J. David Pawson

1

COMO A IGREJA PRIMITIVA GANHOU O MUNDO?
30-400 d.C.

*A sua voz ressoou por toda a terra,
e as suas palavras, até os confins do mundo.*

ROMANOS 10.18

É uma história extraordinária. Desde o ano 30 d.C. até 400 d.C., começando com um pequeno grupo de pescadores, o cristianismo espalhou-se pelo mundo então conhecido e substituiu muitas outras religiões. Os cristãos realizaram esse feito sem um exército (embora estivessem dispostos a lutar), sem dinheiro, sem contatos influentes, enfrentando a força e o poder do Império Romano. Meu intuito é tentar analisar como eles realizaram tal proeza.

O livro de Atos dos apóstolos conta os primeiros trinta anos de história da igreja, entre 30 e 60 d.C. Trata-se, no entanto, de uma história inacabada. O autor de Atos descreve como a boa nova foi levada de Jerusalém a Roma – da capital do mundo religioso à capital do mundo secular. A partir de então, a mensagem continuou se espalhando em ondas.

Podemos resumir a situação até o período em que a história da igreja no Novo Testamento se encerra. Estes aspectos ajudaram muito os novos crentes:

- Estradas romanas que permitiram o acesso direto ao Mundo Mediterrâneo.
- Uma língua comum – o grego.
- Havia paz – a famosa *pax romana*.
- Eles podiam viajar de um país a outro sem a necessidade de documentos.
- Em muitas das cidades maiores e até em algumas menores, havia grupos de judeus que já conheciam o Antigo Testamento e estavam dispostos a ouvir.
- Todo o império estava moral e espiritualmente enfermo.

Mesmo com esses fatores positivos, o feito foi um triunfo espantoso! Entre os que propagavam a igreja, estavam os missionários oficiais (*apóstolos*, como são chamados no Novo Testamento), mas que, em sua maioria, eram homens e mulheres comuns. Os viajantes do comércio no Mundo Antigo foram os primeiros a estabelecer igrejas. Aparentemente, ninguém sabe quem plantou a igreja de Roma. Não foi Paulo e, embora alguns assim afirmem, também não foi Pedro. É possível que um grupo de viajantes comuns tenha começado a igreja ali.

A igreja não era formada por pessoas influentes (veja 1Co 1.26-31), mas incluía escravos, que chegaram a 6 milhões no Império Romano. Como esses primeiros crentes foram capazes de vencer o Império Romano sem edifícios, sede denominacional, recursos financeiros ou comitês? Sua organização era extremamente simples. Eles contavam apenas com grupos locais de cristãos que eram chamados de *igrejas*, e cada igreja tinha presbíteros como líderes espirituais e diáconos para servir de forma prática. Entre as igrejas circulavam: os apóstolos, que plantavam novas igrejas e agiam como pioneiros; os evangelistas, que pregavam o evangelho e convertiam as pessoas; e os profetas, que transmitiam a palavra de Deus. Essa é a única organização encontrada no Novo Testamento. O culto que prestavam era extremamente simples. Eles batizavam os crentes por imersão em água. Celebravam a Ceia do Senhor com pão e vinho e adoravam alternando orações espontâneas com pré-formuladas. Isso fica evidente no Novo Testamento. As pessoas da congregação oravam. Também repetiam juntas orações decoradas. Apreciavam cantar, embora não tivessem corais ou instrumentos musicais. Cantavam salmos do Antigo Testamento, hinos dos cristãos e cânticos espirituais (um tipo de cântico no Espírito conhecido apenas pelos cristãos). Essa era sua vida!

A igreja se espalhou por todos os lugares. Retomaremos a história a partir do final de Atos, no ano 60 d.C., descrevendo como um pequeno grupo de cristãos de todas as grandes cidades ao longo da costa leste do Mediterrâneo deixou de ser um movimento minoritário e chegou a esvaziar os templos pagãos, de modo que o Império Romano – até mesmo o próprio imperador – passou a frequentar a igreja aos domingos, para adorar a Jesus Cristo!

Como eles conseguiram isso? Eles compreenderam que teriam de travar três batalhas importantes; assim enfrentaram todas elas nos quatro primeiros séculos, e de cada uma delas saíram vitoriosos: uma batalha espiritual inicialmente contra a religiosidade dos judeus; uma batalha mental inicialmente contra a mentalidade grega; e uma batalha física inicialmente contra os romanos. Hoje, somos *nós* que travamos essas batalhas. Estudando a história, podemos aprender a enfrentá-las como soldados do Senhor Jesus Cristo que pagam o preço de segui-lo.

UMA BATALHA ESPIRITUAL
CONTRA OUTRAS RELIGIÕES

Um conceito bastante popular hoje, que também existia naquela época, dita que o cristianismo deve mesclar-se a outras religiões, pois todas as religiões são basicamente a mesma, têm o mesmo Deus como alvo; chegaremos todos ao mesmo lugar, e o cristianismo é apenas uma religião entre outras que pode ser comparado e contrastado com todas elas. Certa vez, perguntei a um estudante a quem eu dava carona:

— O que você está estudando?
— Quero ser professor.
— Que matéria você pretende ensinar?
— Religião.
— Ah, então você crê em Deus?
— Não.
— Então, por que quer ensinar Religião?
— Quero ensinar às crianças que todas as religiões do mundo são iguais em sua essência.

Esse é o tipo de batalha espiritual travada pelos cristãos nos primeiros quatro séculos. Eles precisavam defender o entendimento de que a fé cristã é única e exclusiva, e não pode ser mesclada com outras religiões. Não é possível misturá-la com qualquer outra. Se isso tivesse acontecido, o resultado seria fatal. Se os cristãos tivessem cedido logo nos primeiros quatro séculos, não estaríamos na igreja aos domingos hoje, e talvez jamais tivéssemos ouvido sobre Jesus Cristo. Essa foi a batalha espiritual travada inicialmente contra a religiosidade dos judeus.

Há evidências dessa batalha no Novo Testamento, pois lemos que os judeus diziam aos cristãos: "Vocês precisam mesclar sua religião com a nossa". A primeira pessoa a dar a sua vida por Jesus Cristo foi um homem que afirmou: "Jamais misturaremos o cristianismo com o judaísmo. O judaísmo tornou-se obsoleto". O nome desse homem era Estevão, e quando ele argumentou com habilidade, amor e firmeza que o cristianismo jamais se misturaria à religião dos judeus, estes ficaram tão zangados que o levaram para fora dos muros da cidade e o apedrejaram até a morte. Estevão foi o primeiro mártir. Ele morreu exatamente por esta causa: o cristianismo jamais se misturará a qualquer outra religião. A fé cristã é única. É única porque é exclusiva. É exclusiva porque Jesus é o Filho Unigênito de Deus; ele tornou o cristianismo exclusivo, ao afirmar: "Só há *uma* maneira de chegar ao Pai, e é através de mim!" Portanto, não há salvação em nenhum outro nome debaixo do céu, senão no nome de Jesus.

Mas é interessante que o próprio Jesus soubesse que a religião cristã não se misturaria com a judaica. Segundo ele, seria como colocar vinho novo em odres velhos. Como usar um retalho de tecido novo, que nunca encolheu, para remendar um buraco na roupa velha. Cedo ou tarde, ele se desprenderá. Não é possível misturá-los. Essa batalha foi travada com valentia. Paulo a enfrentou. Pedro foi levado a enfrentá-la contra a sua vontade. Deus precisou ensinar-lhe uma lição; e ainda outros crentes travaram essa luta, como vemos na carta aos Hebreus.

Finalmente, em 70 d.C., o templo de Jerusalém ruiu; foi destruído pelos soldados romanos. Alguns pensaram que seria o fim do judaísmo, mas não foi. Algum tempo depois, ainda encontramos seitas estranhas como a dos nazarenos e dos ebionitas – pessoas que tentaram colocar os cristãos sob a lei judaica. E assim o fizeram durante trezentos anos. Quem faz isso hoje são os Adventistas do Sétimo Dia – muitos deles são bons cristãos, porém tentam nos submeter novamente à lei do *shabat* do sétimo dia. É uma batalha que ainda precisamos enfrentar e algo extremamente atual. Por fim, os apóstolos afirmaram que era possível tornar-se cristão sem tornar-se judeu – e a batalha foi vencida!

O cristianismo era único.

Depois de vencer esse lado da batalha, eles se voltaram para outro lado. E todas as outras religiões? Se você quer estudar as religiões, estude o Império Romano. Eles tinham todos os tipos de religião. Você podia sair às compras no supermercado religioso de Roma e encontrar praticamente qualquer ídolo que desejasse. Podia escolher sua religião com facilidade.

Lembro-me de minha visita ao Panteão – uma das construções mais extraordinárias que já vi. Seu nome significa "a casa de todos os deuses". Foi construído há mais de dois mil anos, em 27 a.C., e ainda está em pé lá em Roma. Lembra o Royal Albert Hall, em Londres, Inglaterra, embora seja um pouco menor e tenha um grande teto abobadado com uma abertura central. Ao contrário do Royal Albert Hall, não há nada em seu interior, exceto os nichos, em toda a volta, onde ficavam todos os deuses do Império Romano. Assim que o império conquistava uma nova região, sua religião era representada com o seu deus ocupando um desses nichos. Era essa a sua política – nós a chamamos de "sincretismo", que significa uma "fusão de diferentes cultos e doutrinas religiosas". Com o crescimento contínuo do Império Romano, trazendo novos povos, culturas e religiões, outros deuses eram constantemente acrescentados ao Panteão.

Um dos nichos foi oferecido aos cristãos para que ali colocassem uma estátua de Jesus Cristo. Mas os cristãos responderam: "Nunca!" Jesus jamais esteve no Panteão. No entanto, quando eu estive ali, todos os nichos estavam vazios, exceto por um deles, que tinha uma escultura de Jesus. O edifício tornou-se uma Igreja Católica e um local de culto [no século 7º]. É curioso pensar que Jesus Cristo não seria visto da forma como é visto hoje (pela perspectiva do mundo) se tivesse sido colocado ao lado de outros deuses em um daqueles nichos.

Essa foi outra batalha que os cristãos foram obrigados a travar. Eles haviam dito: "Não misturaremos nossa religião com as outras". Isso resultou em problemas de fato, pois os romanos mantinham o registro de todas as religiões. A religião registrada tornava-se uma *religio licita*. Deixava de ser uma fé ilícita e passava a ser uma prática "lícita", legal, pois tal religião era acrescentada à lista oficial. Os cristãos, contudo, recusaram-se a tornar-se uma *religio licita*. Talvez você pense: "Mas que tolice. Com isso eles só chamaram mais atenção". Mas eles declararam: "Não vamos incluir o cristianismo nessa lista oficial de religiões. Não somos uma religião. Somos seguidores de Jesus Cristo". Aos poucos, outras religiões se estabeleceram em Roma e, finalmente, uma estátua de César foi colocada em um dos nichos do Panteão. Chegara o dia em que César seria considerado deus. O Império Romano determinou: nossa religião é adorar a César; a partir de hoje, queimem incenso a César; de agora em diante todos devem declarar: "César é senhor". Foi quando teve início a batalha física para os cristãos. Veremos isso mais adiante.

O aspecto curioso, contudo, é que a acusação de ateísmo era uma via de mão dupla. Os romanos acusavam os cristãos de serem ateus, e os cristãos faziam a mesma acusação contra os romanos. Quais eram as bases dessa acusação? Bem, os romanos declaravam: "Vocês, cristãos, são ateus porque não acreditam nos deuses de Roma". E isso era verdade. E os cristãos afirmavam: "Os ídolos não servem para nada. Os deuses não existem". E acusavam os romanos de serem ateus. A palavra grega para "ateu" aparece uma única vez na Bíblia – em Efésios 2, na afirmação de Paulo: "Vocês estavam sem Cristo [...], sendo estrangeiros quanto às alianças da promessa, sem esperança e sem Deus no mundo". A palavra traduzida como "sem Deus" é *atheas*. Um ateu não é alguém que não *acredita* em Deus, mas alguém que está *sem* Deus. Um ateu pode ir a um templo, curvar-se diante de um ídolo, mas está sem Deus. Esse é o verdadeiro sentido da palavra "ateu". Sendo assim, há milhões de ateus no mundo; não são pessoas sem religião. Os ateus fazem orações e, quando pressionados, afirmam que creem que há algo, um lugar ou alguém lá no alto. Contudo, são ateus porque não conhecem a Deus; não têm em suas vidas a graça, o poder e a salvação de Deus.

Então, os romanos diziam aos cristãos: "Vocês são ateus; não creem nos deuses"; e os cristãos respondiam: "Vocês são ateus; com todos os seus deuses, vocês não têm Deus". Foi o que Paulo disse em Atenas: "Encontrei até um altar com esta inscrição: AO DEUS DESCONHECIDO. Ora, o que vocês adoram, apesar de não conhecerem, eu lhes anuncio".

Essa era a batalha espiritual; a mesma batalha que enfrentamos ainda hoje. Em uma igreja supostamente cristã – a mais conhecida de Cambridge – foi realizado um culto para o Congresso Mundial das Religiões. Dele participaram seguidores do budismo, do hinduísmo e da fé *bahá'í*, além de judeus, cristãos; pessoas vindas de todo o mundo. Eles se reuniram para cultuar juntos, como se todas as religiões fossem uma só. Na liderança estava um homem que havia sido ordenado para pregar o evangelho cristão. Essa é a batalha que devemos travar. Se isso está acontecendo, acredite, essa será *a* batalha do futuro. Pois há um movimento crescente em direção ao que a Bíblia sempre previu que surgiria na história: *uma religião universal*. Naquele momento da história, os cristãos disseram: "Não. Nossa religião é única. Não se mesclará com nenhuma outra". Uma das condições para participar daquele culto era que o nome de Cristo não fosse mencionado. Isso revelou todo o jogo. Trata-se de uma batalha que precisaremos enfrentar com todas as nossas forças. Nós nos recusamos a colocar Jesus Cristo em pé de igualdade com Buda, Maomé ou qualquer outro. Ele é o *único* Filho de Deus, por isso nos recusamos a misturar o cristianismo com todas as outras religiões e chamar esse sincretismo resultante de *fé*. Simplesmente *rejeitamos* isso.

No entanto, a Bíblia também afirma que, no fim dos tempos, os que se recusarem a seguir essa religião mundial não poderão sequer comprar comida. Haverá esse tipo de perseguição. É possível que estejamos vivos quando essa batalha for travada. Ela já é uma realidade em nossas fronteiras e em nossas igrejas, mas é uma batalha que foi vencida pelos cristãos nos primeiros quatrocentos anos. Não teríamos o cristianismo hoje se aquelas pessoas não tivessem lutado por ele. Entende por que estou escrevendo sobre o passado? Porque a história não se limita ao passado apenas, mas tem reflexos também no presente.

UMA BATALHA INICIALMENTE CONTRA A MENTALIDADE GREGA

A batalha seguinte não envolveu a religião, mas a filosofia; também não foi travada contra a religiosidade dos judeus, mas contra a mentalidade dos gregos. Os gregos eram pensadores brilhantes, os intelectuais, os sabe-tudo. Eram os acadêmicos, os estudiosos, os filósofos. Cedo ou tarde, o cristianismo se depararia com os intelectuais. O maior perigo, então, seria que os intelectuais conseguissem modificar o cristianismo, produzir o que entendiam como uma forma superior de cristianismo, fazendo concessões e mudando a verdade para que se ajustasse ao intelecto humano. Essa ainda é uma das principais batalhas que precisamos enfrentar. O cristianismo não pode ser modificado para satisfazer o intelecto humano. Minha mente tem muitas perguntas ainda não respondidas. Mas, graças a Deus, cheguei ao ponto em que estava pronto para *crer* antes de satisfazer plenamente o meu intelecto.

Vejamos o que aconteceu. Essa era uma batalha muito mais árdua, pois acontecia dentro da igreja, não fora dela. As armas para enfrentá-la eram as palavras, a caneta. Alguns dos melhores textos da história da igreja primitiva resultaram dessa batalha.

Certo homem chamado Irineu de Lyon escreveu cinco volumes sob o título *Contra as Heresias*. Podemos agradecer a Deus pelo que Irineu fez. Ele foi um dos mais valentes soldados dessa batalha. Outro homem, chamado Orígenes, escreveu seis mil livros, cartas e panfletos nessa batalha. Pense no esforço desse homem. Tenho um livrinho que contém a maioria de seus textos, palavras que eram verdadeiras *armas* nessa batalha. Veremos a seguir alguns dos pontos que eles precisavam defender.

Havia um homem chamado Marcião de Sinope. Suas palavras lembram as de um estudante num debate dos nossos dias. Marcião disse: "Não gosto de um Deus que se ira, não consigo entender o Deus do Antigo Testamento, e tenho quase certeza de que o Deus do Antigo Testamento é diferente de Jesus e do Deus do Novo Testamento". Já ouvi isso de alguns jovens. E ele disse mais: "Vamos excluir da Bíblia o Antigo Testamento; seremos pessoas do Novo Testamento somente". E assim ele fez. Mas, para seu desapontamento, ele descobriu que também seria preciso eliminar parte do Novo Testamento. O livro de Apocalipse, por exemplo, não o agradava pois continha muitas menções ao Antigo Testamento. Então Marcião o excluiu. Com a tesoura em mãos, começou a avaliar as cartas de Paulo e concluiu: "Sabe, Paulo disse algumas coisas muito desagradáveis". E lá se foram os textos de Paulo. Depois, Marcião percebeu que até mesmo nos Evangelhos havia passagens que não o deixavam muito satisfeito; Jesus fez algumas afirmações que jamais deveria ter feito. Marcião foi o primeiro a descobrir que quando você começa a recortar textos da Bíblia, não consegue mais parar.

Essa foi uma das primeiras batalhas. Como resultado, surgiu o conceito de dois deuses: o Deus do Antigo Testamento e o Deus do Novo Testamento. Essa é uma heresia que ainda hoje precisamos enfrentar. Portanto, muitas pessoas lutaram pelo cristianismo, e a razão pela qual podemos ler hoje toda a Palavra de Deus, tanto o Antigo quanto o Novo Testamento, é porque Marcião foi derrotado nessa batalha, pois os cristãos declararam: "Preservaremos toda a Palavra. Por mais difícil que seja a compreensão de alguns pontos do Antigo ou mesmo do Novo Testamento, por mais dificuldade que meu intelecto encontre, não vamos começar a recortar esse Livro até que possamos compreendê-lo". Essa batalha foi vencida, e hoje temos toda a Bíblia.

Uma dificuldade muito maior foi o *gnosticismo*. Gnóstico é o oposto de agnóstico. Um agnóstico é alguém que não sabe. Um gnóstico é alguém que sabe. Muitos gregos diziam: "Sou um gnóstico. Eu sei!" Havia muitos sabe-tudo intelectuais por lá e eles criticavam o cristianismo. Qual era a principal falha desse pensamento? Era uma combinação de conceitos. Parte vinha do Egito, parte da Pérsia, e outra parte parece ter vindo da Índia. A filosofia básica, contudo, era esta: as coisas espirituais são boas, as coisas materiais são ruins. Muitos ainda pensam assim. Mesmo aqueles que se autodenominam cristãos podem pensar dessa maneira e cair nesse tipo de armadilha. Hoje vemos para onde isso os levou. Eles afirmaram: "Bem, se a matéria é algo ruim, Deus não deveria tê-la criado". E assim, acabaram negando uma verdade fundamental. "Se a matéria é ruim, Jesus jamais poderia ter assumido a forma humana". Passaram então a ensinar que Jesus apenas parecia ter um corpo, mas, na verdade, ele havia sido um fantasma todo o tempo, ele não era real e jamais sentira fome ou cansaço. E foram adiante, dizendo: "Jesus não poderia ter morrido, pois a matéria é ruim e Jesus não poderia ter sido matéria; e somente seres materiais morrem". E disseram ainda mais: "A ideia da ressurreição do corpo é ridícula".

E esse conceito tomou outras proporções. Partindo desse equivocado princípio básico de que a matéria é ruim e o espírito é bom, tudo desandou – como acontece hoje com a Ciência Cristã, uma das manifestações modernas desse tipo de pensamento. Ainda estamos enfrentando a mesma velha batalha.

Desse modo, as mentes mais brilhantes da igreja se dispuseram a lidar com esses problemas. Se você quiser saber por que João escreveu seu Evangelho e sua primeira carta, a resposta é: ele estava lutando contra esse pensamento na igreja. Ele dizia: "Ouçam bem. A Palavra era Deus, e a Palavra tornou-se carne. Conseguem entender?" E disse também: "O que contemplamos e nossas mãos apalparam, nós declaramos a vocês: Jesus!" Ele já lutava contra essa ideia, uma batalha que durou aproximadamente cento e cinquenta anos. Os gnósticos diziam que Jesus, o Filho de Deus, jamais foi verdadeiramente homem. Mas se negarmos que ele era homem, negaremos a fé e invalidaremos o ponto central da nossa fé: Jesus é capaz de nos salvar porque se fez carne como nós; ele sabe quais são as tentações que nos cercam, pois realmente tornou-se homem, teve um corpo como o nosso. O gnosticismo era uma forma de negação dessas verdades.

Mencionaremos brevemente os nomes de algumas dessas mentes brilhantes. Tertuliano, em uma cidade chamada Cartago, no norte da África, escreveu contra o gnosticismo, assim como fizeram Clemente e Orígenes (em Alexandria), e Cipriano. Uma vez que seus textos ainda existem, podemos ler como eles usaram sua escrita e sua voz para combater algo que ameaçava destruir a fé cristã.

Além da batalha contra o que se afirmava a respeito de Cristo, havia aquela contra o que se dizia sobre os próprios cristãos. Eles eram caluniados. "São canibais – ouvimos que comem carne humana e bebem sangue", diziam. E também: "É medonho – orgias sexuais chamadas de 'banquete do amor' acontecem naquela igreja". Chegaram a dizer que os cristãos adoravam a cabeça de um asno fixada no topo de um mastro. Alguns dos textos que temos daquela época são de pessoas que defendiam os cristãos contra essas calúnias. Era uma batalha mental. Três medidas adotadas no enfrentamento dessa batalha merecem nossa gratidão.

A primeira medida foi uma resposta à questão: "Como proclamar de forma definitiva a verdadeira fé quando tantos pregadores cristãos anunciavam esse novo tipo de pensamento – um evangelho filosófico?" Eles decidiram reunir todos os relatos que remontavam aos dias dos apóstolos e a tal compilação chamaram de "Escrituras". Por volta de 200 d.C., eles haviam compilado todos os livros e cartas com autoria direta dos apóstolos que, por sua vez, tiveram um contato pessoal com Jesus. Foi assim que nasceu o Novo Testamento: o cânon bíblico foi o resultado dessa batalha.[1]

A segunda medida que tomaram foi fazer uma declaração de sua fé.[2] Eles listaram aquilo em que acreditavam, em oposição ao pensamento gnóstico. Um desses credos começa da seguinte forma: "Creio em Deus Pai, Todo-Poderoso, Criador do céu e da terra". Os gnósticos afirmaram: "A matéria é ruim, portanto Deus não criaria a matéria".

---

[1] Muitas outras pessoas escreveram falsos evangelhos a respeito de Jesus, supostas cartas de Paulo e livros inverídicos que alegavam ser a verdade. Até mesmo Paulo, em sua carta aos Tessalonicenses, afirmou: "Não se deixem abalar nem alarmar por carta supostamente vinda de nós. Escrevo [...] de próprio punho".
[2] Essas declarações foram chamadas de *credo*, do latim "creio".

Os cristãos responderam: "Creio em Deus Pai, Todo-Poderoso, Criador do céu e da terra e em Jesus Cristo, seu único Filho, nosso Senhor, o qual foi concebido por obra do Espírito Santo; nasceu da virgem Maria..." Jesus não era um fantasma. Ele foi concebido. Ele nasceu. O credo também afirma: "Padeceu sob o poder de Pôncio Pilatos, foi crucificado, morto e sepultado". Ele morreu de verdade! Havia um corpo, de fato, sobre aquela cruz! E no final: "Creio na ressurreição do corpo; na vida eterna". Esses homens enfrentaram essa batalha e declararam: "É nisso que cremos". E hoje quando recitamos os credos, podemos afirmar: "É nisso que cremos também!"

A terceira medida adotada foi reunir-se em concílios, não para organizar a igreja, mas para compartilhar a batalha uns com os outros, unir-se e lutar por sua fé. Os cristãos ainda fazem isso hoje.

Essa batalha continua sendo travada *hoje*. Uma das filosofias que devemos enfrentar hoje não se chama gnosticismo, mas *existencialismo*. Mesmo que você nunca tenha ouvido essa palavra, tem contato praticamente diário com ela. Ela pode ser encontrada na literatura do filósofo Jean-Paul Sartre; na música de Debussy; na arte de Picasso. Ela se manifesta na cultura da nossa própria época e até na cultura do consumo de drogas. Na repetida citação da afirmação de Marshal McLuhan: "O meio é a mensagem". No campo da teologia, você pode encontrá-la nos textos de Rudolf Karl Bultmann, Paul Tillich e muitos outros. Talvez esses nomes não tenham qualquer significado para você, mas os nomes de dois homens que popularizaram esse tipo de pensamento no século 20 talvez lhe soem mais familiares: John Robinson, que foi bispo de Woolwich, e Howard Williams, antigo presidente da União Batista. Esses dois (houve muitos outros desde então) estavam entre os que redefiniram o cristianismo nos moldes de uma filosofia pagã que é basicamente ateísta e apresenta Deus como um ser impessoal e até inexistente.

Já ouviu a frase "Deus está morto"? Ela é fruto de teólogos cristãos que seguiram essa filosofia. A batalha contra a mentalidade filosófica ainda precisa das mentes mais brilhantes que conseguirmos produzir. Ela deve ser enfrentada com a palavra escrita e a falada, e sem medo de afirmar que essa *não* é a fé cristã.

Devemos evitar receber em nossas igrejas pregadores que façam uso de tais afirmações "existencialistas". É uma batalha. Talvez não tenhamos que travar as batalhas físicas que tantos outros cristãos foram obrigados a enfrentar, e talvez você pense: "Por que é tão mais fácil agora?" No entanto, essa batalha *não* exige menos esforço do que antes. De fato, estamos diante de outro tipo de batalha que, sob certa perspectiva, é muito mais sutil e, consequentemente, mais difícil. Na batalha física, o inimigo é declarado; sabemos onde estamos e estamos cientes de que vamos sofrer. Sabemos de que lado estamos, e o lado oposto nega aquilo que você defende. Você defende sua posição e essa batalha é evidente, embora também seja difícil. Mas a batalha que precisaremos enfrentar é a batalha pela mentalidade. A igreja primitiva travou essa batalha e saiu vitoriosa. Curioso é que uma das questões pelas quais eles lutaram ressurgiu nos nossos dias com as Testemunhas de Jeová. É uma ideia que tem, aproximadamente, 1.700 anos de idade, embora eles não se deem conta disso. Nós a enfrentamos hoje.

Apresentar-se em nome de Cristo – esse é o problema. Se um homem vem em nome do diabo, você sabe em que terreno estará pisando. Mas se ele vem em nome de Jesus Cristo afirmando que essa é a nova teologia, a nova moralidade, o novo evangelho, o novo cristianismo, devemos declarar: "Não existe um cristianismo *novo*, existe apenas o *antigo*" – e lutar pela fé uma vez por todas confiada aos santos. Nos primeiros quatrocentos anos, eles travaram essa batalha dentro da igreja e venceram. Por isso desfrutamos da igreja hoje.

UMA BATALHA FÍSICA
INICIALMENTE CONTRA OS ROMANOS

A igreja nunca fez uso da força física para propagar o evangelho nos primeiros quatro séculos (a Inquisição viria depois). Eles usavam o amor para ganhar pessoas para o Senhor, mas, muitas e muitas vezes, a força física foi usada contra eles.

Por que os cristãos sofreram tanto? Dizem que foi por causa dos boatos e das calúnias ("canibalismo" e "orgias"); por não participarem das práticas sociais da idolatria, dos jogos e do entretenimento [circo] de Roma; por sua intolerância a outras religiões. Dizem que foi porque eles formavam uma sociedade secreta e representavam uma ameaça à segurança interna do império. Eu digo que não foi por nenhuma dessas razões.

O motivo pelo qual muitos crentes tanto sofrem está nas palavras de Jesus: "Odiaram-me sem razão". Essa é, portanto, a única explicação possível para os sofrimentos de cristãos: ela não existe. As pessoas sentem tanto ódio por Deus que acabam odiando o povo de Deus sem qualquer razão. Há uma antipatia irracional contra os cristãos em todo o mundo. Um anticristianismo inexplicável. E o outro lado do antissemitismo é a atitude dos judeus em relação aos cristãos. Foram os judeus que inicialmente impuseram o sofrimento aos cristãos, diversas vezes, sem razão para isso. Mas quero desenvolver esse tema. Não tenho a intenção de brincar com suas emoções, mas gostaria de lhe falar sobre o sofrimento de alguns dos mártires.

A perseguição começou no tempo de Nero, em 64 d.C. Há alguns anos, visitei as ruínas dos jardins do palácio de

Nero. São belos jardins floridos, cujo solo eu sabia que estava impregnado de sangue. O louco imperador Nero, em sua ambição de reconstruir Roma como uma metrópole, ateou fogo à cidade – assim supõe a história – fazendo com que 14 dos 17 distritos fossem arrasados e centenas de pessoas morressem carbonizadas. Conta-se que Nero tocava violino enquanto Roma ardia em chamas. Mas, ao ser acusado, Nero buscou um bode expiatório dizendo: "Foram os cristãos que fizeram isso, e eles serão presos e punidos". E assim ele fez. Prendeu todos os cristãos de Roma e arredores. Vestiu-os com peles de animais e soltou seus cães sobre eles. Decapitou-os. Crucificou-os. Finalmente, para saciar sua maldade, Nero os cobriu com piche e os colocou em barris enquanto ainda estavam vivos, e então ateou fogo aos seus corpos para usá-los como luzeiros em seu jardim, enquanto, como um louco, percorria o local em uma carruagem. Foi o que Nero fez.

Esse foi o ponto de partida do sofrimento dos cristãos. E entre esse momento e o ano de 300 d.C., houve dez períodos da mais tenebrosa perseguição conhecida pela igreja. Tenho um livreto de John Foxe, intitulado *O Livro dos Mártires*, que encontrei disponível para doação. Costumava ser a leitura dominical compulsória dos cristãos. Você deveria lê-lo de vez em quando. Até a data em que foi publicado, não havia se passado um único período de dez anos sem que cristãos fossem martirizados, e é assim até hoje. Leia os capítulos iniciais, que falam sobre as primeiras perseguições contra os cristãos.

Depois de Nero, outra grande perseguição aconteceu por volta de 100 d.C. Um dos homens que a enfrentou foi João, o último dos doze apóstolos. Ele foi enviado para as minas de sal e, em seguida, para a ilha de Patmos, no mar Egeu, onde foi acorrentado às paredes da prisão. Naquela cela ele escreveu o livro de Apocalipse. Você pode trancar as pessoas, mas como disse Paulo quando estava na prisão: "Por isso sofro [...] prisões, [...], mas a palavra de Deus não está presa".

Em 110 d.C., Plínio, um novo governador, fixou residência na Ásia Menor. Ao chegar ali, ficou espantado ao ver que os templos estavam desertos e os santuários idólatras não eram usados. Então disse: "O que deu errado? Esses são os deuses do nosso grande Império Romano! Por que não há ninguém nesses lugares?" "Por causa do grande número de cristãos", responderam. Plínio então disse: "Cristãos? Aquele povo supersticioso? Prendam-nos". Ele os prendeu e obteve delações sobre quem eram. Todos os delatados foram presos e mortos. Plínio, contudo, ficou assombrado, primeiramente com a quantidade de cristãos, pois eles não paravam de chegar e também pelo estilo de vida que adotavam. E quis saber mais sobre eles. Certo dia, enviou seu espião a um culto matinal cristão. O espião retornou e relatou a Plínio: "Eles se reúnem antes do raiar do dia. Cantam hinos a Cristo e adoram-no como se fosse Deus. Então fazem um juramento, uma promessa (em latim, um *sacramentum*) a Jesus como Senhor e prometem não roubar nem cometer adultério ou assassinato". Plínio ficou intrigado. Escreveu imediatamente ao imperador Trajano. "Prezado Trajano, estou prendendo e executando cristãos, mas fiquei um tanto intrigado com o que descobri. O que devo fazer?" Trajano respondeu dizendo: "Bem, é melhor que sejamos cautelosos. No caso de denúncias, não acate acusações anônimas".

Com isso, a situação na Ásia Menor realmente se acalmou. Trajano, porém, também disse a Plínio: "Se eles lhe parecem ser uma religião antirromana, então você deve testá-los pedindo-lhes que professem 'César é senhor' e, caso eles se recusem, condene-os à morte". E assim, muitos outros morreram.

Agora vamos avançar alguns anos, até a época de um homem chamado Inácio de Loyola. Sua história é extraordinária. Ele foi um dos ministros mais jovens da igreja da época. Os ministros eram chamados de *bispos*. Todas as igrejas tinham seu bispo. Era apenas o nome dado a um ministro. Inácio era o bispo de Antioquia. Foi preso pelos romanos e obrigado a enfrentar o teste – afirmar que César era senhor. Como não passou no teste, Inácio foi levado ao Coliseu, em Roma, onde seria lançado às feras. Sua viagem sob escolta a Roma, contudo, lembra mais um desfile de triunfo! Os cristãos deixavam suas casas e caminhavam com Inácio por alguns quilômetros. Na verdade, nem um quilômetro sequer ele caminhou sem a companhia de cristãos. Eles vinham, andavam ao seu lado, compartilhavam desse momento com ele, que lhes ministrava enquanto seguia para a morte. Ah, o que um cristão que está a caminho da morte pode dizer a seus irmãos cristãos? Ele disse coisas maravilhosas. Lembro-me de uma de suas frases: "Agora começo a ser um discípulo. Quem está perto da espada está próximo de Deus. Quem está perto das feras está na companhia de Deus". Palavras de um homem que estava a caminho da morte. Todas as noites, ele escrevia cartas, acorrentado a seu vigia, um soldado romano. Uma de suas últimas cartas foi dirigida a um homem chamado Policarpo, ministro de um lugar chamado Esmirna. Inácio lhe escreveu: "Permanece firme, como a bigorna sob os golpes do martelo".

Quarenta anos depois, Policarpo foi martirizado da forma como relato a seguir. Na época, ele já era muito idoso. Os jogos romanos em honra ao imperador eram realizados na cidade de Esmirna, onde Policarpo era o bispo cristão. Com a emoção das competições, a adrenalina começou a subir e a multidão estava exaltada. Até que alguém gritou: "Morte aos ateus!" Onze cristãos foram arrastados até a arena sob gritos de "ateus", e leões foram soltos contra eles. A situação ficou tão fora de controle que a multidão começou a clamar pelo sangue de Policarpo. Alguns soldados romanos foram enviados para prendê-lo e chegaram à pequena cabana onde Policarpo vivia, nos arredores de Esmirna. Bateram à porta e ele atendeu. Os soldados não o reconheceram, então perguntaram: "Há aqui um homem chamado Policarpo?" Ele poderia ter respondido: "Não, ele saiu" e Policarpo posteriormente confessou que ficou tentado a fazê-lo. Mas o Senhor lhe havia concedido a vitória, por isso respondeu: "Eu sou Policarpo", estendendo as mãos para que fossem acorrentadas. Ele foi levado à arena. Quando o governador viu como Policarpo era idoso, disse: "Tenho pena de seus cabelos brancos. Apenas amaldiçoe a Cristo e poderá voltar à sua cabana". Mas Policarpo respondeu: "Sirvo a Cristo há oitenta e seis anos e ele nunca me abandonou. Como posso blasfemar contra o meu Rei, a quem sirvo?" Diante disso, eles o matariam. Como os leões haviam sido retirados, fizeram uma fogueira e amarraram Policarpo a um mastro. O vento, contudo, estava forte, e afastava as chamas de Policarpo, algo que muito impressionou a multidão. Finalmente, um soldado romano, compadecendo-se do velho homem, o apunhalou no coração. O registro que os cristãos fizeram desse martírio foi concluído com estas palavras: "*Quintus Statius Quadratus* ... mas Jesus Cristo será Rei para sempre". O nome desse homem, Statius Quadratus, será conhecido como governador, mas o nome de Jesus Cristo será conhecido como Rei!

Viramos mais algumas páginas da história e chegamos ao ano 177 d.C. A perseguição severa agora desponta em um lugar chamado Lyon, na França. Potino, o idoso ministro de Cristo, foi lançado na prisão e ali permaneceu até a sua morte.

Prenderam, então, uma escrava, ainda adolescente, uma jovem cujo nome entrou para a história. "Um nobre exército, homens e meninos, senhoras e donzelas" – talvez você tenha cantado esse hino! Blandina, a jovem, foi presa e submetida à mais terrível tortura. A respeito de Blandina, conta-se o seguinte: "Os algozes a torturaram desde a manhã até a noite, até ficarem exaustos, reconhecendo sua derrota e que nada mais lhe poderiam fazer. O consolo, a distração e o alívio da jovem estavam em exclamar: 'Sou cristã e não cometemos nada vil!' No dia seguinte, eles a levaram para a arena. Depois da tortura, das feras, da cadeira de ferro, ela foi finalmente envolta em uma rede e lançada diante de um touro e, após ser jogada de um lado para o outro pelo animal, ela também foi sacrificada. Como uma nobre mãe que infundiu ânimo a seus filhos [...] voou para eles alegre e prazerosa da partida, como se fosse convidada a um banquete de bodas [e não lançada às feras]!" Assim morreu Blandina.

Viramos mais algumas páginas, até uma prisão no norte da África, onde uma mulher cristã foi lançada em uma cela e seu bebê colocado na cela ao lado. O bebê está faminto, mas ela não tem permissão para alimentá-lo, e ninguém o faz. Seus seios estão inchados e doloridos; o bebê chora de fome. Eles dizem: "Você poderá alimentar seu bebê assim que afirmar 'Cesar é senhor'". Você resistiria? Esta foi a resposta da mulher: "Rendemos honra a César como César. Mas rendemos temor e adoração a Cristo como Senhor!" Que batalha!

Sob Décio, o governador romano, encerrou-se um longo período de calmaria (com duração aproximada de trinta anos). Pela primeira vez, Roma determinou a eliminação do cristianismo em todo o império. Pela primeira vez, a medida não era local, mas universal. E os sofrimentos daquele período eu sequer posso imaginar. Após Décio, contudo, vieram quarenta anos de paz, e a igreja cresceu em número, em riqueza e influência, o que, infelizmente, costuma acontecer em tempos de tranquilidade.

Então, finalmente, a última tentativa de Satanás foi colocada em prática sob o imperador Diocleciano. No ano

303 d.C., ele ordenou a destruição de todas as igrejas, que agora tinham edifícios. Ordenou também que todas as Bíblias fossem incineradas, que fosse demitido qualquer cristão que ocupasse um cargo oficial romano, e todos os cristãos fossem decapitados, queimados ou afogados. Satanás sabia que estava perdendo a batalha. Havia então muitos cristãos, o império estava sendo dominado. Essa era a batalha final e foi vencida!

Há ainda dois pontos importantes que precisam ser ditos a respeito de toda essa perseguição. Em primeiro lugar, conhecemos muitos dos mártires, mas também é fato que milhares de cristãos foram vencidos pelas perseguições. Alguns cederam e afirmaram "César é senhor". Outros subornaram oficiais para escapar. Outros, ainda, fugiram para outros países. Muitos cristãos, infelizmente, cederam. Imagine que alguns membros de sua igreja fossem submetidos a tal perseguição; suponha que alguns deles, presos, tivessem a graça e a coragem de morrer em nome do Senhor. Suponha também que outros, quando confrontados com o teste, se rendessem e negassem conhecer a Cristo ou qualquer um de nós. Depois imagine que, mais tarde, quando houvesse paz novamente, eles quisessem voltar à igreja. O que deveríamos fazer?

Esse problema dividiu a igreja quando vieram tempos mais tranquilos. Alguns diziam: "Eles não podem ser cristãos. Abandonaram o Senhor. Negaram-no. Não se aproximaram de nós quando a perseguição dominava. Por que deveriam participar da congregação agora?" Receio que essa tenha sido a causa da divisão.

Em segundo lugar, a igreja nunca foi tão fortalecida, ou cresceu de forma tão rápida, como nos períodos em que enfrentou tais sofrimentos. Isso fez com que Tertuliano, o cristão do norte da África, afirmasse: "O sangue dos mártires é a semente da igreja. Se você quer plantar uma igreja, plante um mártir". Triste é que a igreja de Cristo nunca tenha crescido tão rapidamente, em proporção a seus membros, como fez nos primeiros trezentos anos. Essa é a resposta ao sofrimento. Não consigo entender, embora seja verdade, que a igreja cresce em meio ao sofrimento. Por quê? Porque creio que o sofrimento é a marca que distingue os membros: reduz os homens de Gideão aos 300 corajosos; e realmente possibilita que a igreja seja o que ela deve ser: um exército nobre!

É hora de concluir, amarrando todas essas pontas. Passaram-se três séculos e chegamos ao ano 312 d.C. Nesse ano, o próprio imperador romano Constantino converteu-se ao cristianismo. É uma história bastante estranha e não sou capaz de distinguir entre verdade e ficção. Mas, no norte de Roma, em uma ponte chamada Mílvia, Constantino, rumando ao encontro dos inimigos de Roma, teve uma visão ao olhar para o céu. Lá no alto viu uma cruz e ouviu uma voz: "Com este sinal, vencerás". Constantino, então, ordenou que uma cruz fosse pintada no escudo de cada soldado romano e disse: "De agora em diante, eu sou cristão e vocês também".

Não posso afirmar que essa tenha sido uma atitude correta. Mas o imperador tornou-se cristão e determinou que, a partir daquele momento, o domingo seria um dia de descanso. Foi a primeira vez que isso aconteceu. Até então, o domingo era um dia comum para os cristãos. Constantino também disse: "As mulheres serão mais valorizadas no império". E mais: "Os escravos serão tratados de maneira apropriada". O imperador tornava-se cristão, e isso marcaria o fim da batalha física – pelo menos no Império Romano. Representaria o fim das perseguições e dos sofrimentos. Mas há algo que devo dizer: ainda não seria o fim das outras duas batalhas, e há mais alguns pontos a comentar a respeito delas.

Para seu espanto, Constantino descobriu que a igreja estava em estado deplorável. Havia divergência, discussão e disputa. Diante disso, ele afirmou: "Que igreja! Agora que eles têm liberdade, estão brigando". A princípio, Constantino não deu importância ao problema, atribuindo-o a questões de personalidade e de arrogância doutrinária. Depois, analisando o problema com mais cautela, percebeu que a batalha mental ainda estava em andamento.

Um pouco mais distante, em Alexandria, havia um poderoso pregador. Era um homem alto e atraente, que além de orador, era cantor e compositor. Tinha uma igreja enorme e pregava uma mensagem terrível. Pregava exatamente o que pregam hoje as Testemunhas de Jeová – que Jesus não é Deus. Esse excelente orador, com sua personalidade cativante, atraía muitos seguidores. Lembre-se que a primeira batalha mental contra o gnosticismo confrontava a ideia de que Jesus não era totalmente homem, mas agora, o outro lado da batalha era a alegação de que Jesus não era totalmente Deus. O nome desse homem era Ário. Sua heresia invadiu a igreja como uma onda, uma mania. Outros pregadores começaram a proclamar que Jesus não era plenamente Deus; que ele havia sido criado, não gerado; que ele era apenas o Filho Unigênito de Deus, mas não era Deus. E assim começaram a destruir a fé.

Somente um homem percebeu o que estava acontecendo. Seu nome era Atanásio. Ele era um jovem diácono, enquanto Ário era bispo. Esse jovem de cabelos claros tinha baixa estatura. Era tão pequeno, que chegava a ser considerado um anão. O jovem diácono declarou: "Essa não é a fé cristã, por isso lutarei contra ela". A afirmação deu origem à frase popular "Atanásio contra o mundo" (*Athanasius contra mundum*), pois o mundo havia seguido Ário. Atanásio, porém, decidiu levantar-se e enfrentar essa batalha. Jesus é, ao mesmo tempo, totalmente homem e totalmente Deus. Portanto, por mais atraente e popular que seja o pregador, se ele afirmar que Jesus não é totalmente Deus, seu objetivo é destruir a fé. Como Jesus pode unir o homem a Deus se ele mesmo não for totalmente homem e totalmente Deus? Essa é a simples verdade e Atanásio a compreendia.

Então, finalmente, para resolver essa situação de uma vez por todas, Constantino decidiu convocar uma reunião com aproximadamente 300 bispos. No palácio de Constantino não havia um aposento suficientemente espaçoso para o evento. A propósito, ele havia deixado Roma e se estabelecido em Bizâncio, mudando o nome da cidade para Constantinopla. Diante da dificuldade de encontrar um aposento grande o bastante, Constantino cruzou o estreito de Bósforo (ou mar de Mármara, como era chamado), chegando a uma cidade chamada Niceia. Ali, os bispos se reuniram em uma grande igreja. Traziam no próprio corpo as marcas de seus sofrimentos; havia entre eles aleijados e coxos e o imperador romano os saudou. Que momento dramático!

A batalha física seguramente estava encerrada, mas a guerra prosseguia. Em uma sala externa da igreja, estava Atanásio. Ele era muito jovem para participar da discussão principal, mas foi um de seus mais ativos personagens. Por meio de um amigo, enviou todos os seus argumentos à discussão principal. O amigo entrava e saía da reunião e dizia a Atanásio: "Eles disseram isso, o que você responde agora?", e Atanásio respondia: "Diga-lhes esse texto bíblico". O amigo voltava à reunião, lia o texto bíblico e dizia: "Essa é a Palavra de Deus". Atanásio enfrentou a batalha do lado de fora do concílio!

O tema do debate eram duas palavras gregas: *homoousios* e *homoiousios*. Imagine dividir a igreja por causa de uma palavra! Era, contudo, uma palavra importante. *Homoousios*, ou "consubstancialidade", significa "de uma ou da mesma substância". Já *homoiousios* significa "de substância semelhante". A questão que os dividia era esta: Jesus é da *mesma substância* de Deus ou é apenas *semelhante* a Deus?

Ário, o pregador influente, seduzia os presentes à assembleia, mas graças a Deus, a batalha foi vencida por Atanásio, que a travava do lado de fora.

Deus escolhe os "zés-ninguém". Cinco vezes Atanásio precisou fugir para preservar sua vida e, mesmo no exílio, continuou na luta, pois o Concílio não cedeu. O Concílio de Niceia apenas elaborou uma declaração (em 325 d.C.; com acréscimos feitos no Concílio de Constantinopla, em 381 d.C.), que ainda é usada no culto, chamada "Credo Niceno". E aqui está uma tradução de sua primeira versão:

> Cremos em um só Deus Pai, Todo-Poderoso, Criador de todas as coisas visíveis e invisíveis. E em um só Senhor Jesus Cristo, o Filho de Deus, gerado Unigênito do Pai, isto é, da substância do Pai; Deus de Deus, luz de luz, Deus verdadeiro de Deus verdadeiro, gerado, não feito, consubstancial ao Pai; por quem foram feitas todas as coisas que estão no céu e na terra. O qual, por nós homens e para nossa salvação, desceu, se encarnou e se fez homem. Padeceu e ressuscitou ao terceiro dia e subiu aos céus. Ele virá para julgar os vivos e os mortos. E no Espírito Santo. E quem quer que diga que houve um tempo em que o Filho de Deus não existia, ou que antes que fosse gerado ele não existia, ou que ele foi criado daquilo que não existia, ou que ele é de uma substância ou essência diferente (do Pai), ou que ele é uma criatura, ou sujeito à mudança ou transformação, todos os que falam assim são anatematizados pela Igreja Católica.

Desde então, a igreja de Jesus Cristo declara em seus credos a verdade de que Jesus é totalmente Deus – "Deus verdadeiro de Deus verdadeiro".

Nas celebrações de Natal, quando cantamos os versos do hino *Eis dos anjos a harmonia*, estamos cantando o que foi declarado em Niceia. Jesus é totalmente Deus:

Cristo, eternamente honrado
Do seu trono se ausentou
E entre nós foi humanado
Deus conosco se mostrou
Que gloriosa divindade!
Que sublime humanidade!
Salve, glória de Israel
Luz do mundo, Emanuel!

A BATALHA MENTAL FOI VENCIDA POR VOLTA DE 400 d.C.

A batalha espiritual prosseguiu. Constantino teve dois netos, um deles chamado Juliano, e eles não apreciavam o que o avô havia feito. Não é algo raro. Os netos disseram: "Agora vamos voltar no tempo. Vamos reintroduzir os deuses romanos pagãos e reabrir os templos". E foi o que fizeram. Mas ninguém compareceu. E eles perceberam que era tarde demais! A batalha espiritual havia sido vencida.

Por volta do ano 400 d.C., havia somente uma religião, que vimos tornar-se proeminente durante todo o Império Romano. Os soldados romanos a levaram para a Inglaterra. São Albano foi o primeiro mártir da Bretanha – um soldado romano que morreu por Jesus Cristo. O local ainda hoje é chamado de Saint Albans. A fé havia chegado até a África. Havia se propagado para o leste, na direção da Síria, e alcançado a Índia. O mundo então conhecido ouvira falar dela. A batalha física havia sido vencida, a batalha mental havia sido vencida e a igreja ganhara o mundo para Jesus Cristo.

No entanto, ainda travamos essa batalha, e ela é mais violenta do que nunca. Em muitos países, ela foi e, por vezes, ainda é uma batalha *física*. Na Europa foi (e ainda é) uma batalha *mental*. Em 1517, Martinho Lutero afixou na porta da igreja o que *ele* acreditava ser a verdade. Onde colocaríamos essa mensagem nos dias de hoje?

É uma batalha mental travada *dentro* da igreja. Estamos prontos para encará-la e enfrentá-la com tudo que ela envolve? Pode ser doloroso. E a agonia da *mente* é pior do que a agonia do *corpo*.

Richard Wurmbrand (1909-2001), um conhecido ministro cristão romeno, que foi aprisionado e torturado repetidamente por causa de sua fé em Jesus Cristo durante a era comunista, afirmou que ele sofreu mais no Ocidente do que em seu país, e que, algumas vezes, desejou retornar à sua cela na prisão.

Há muitos anos, me telefonaram para perguntar se eu poderia levar Richard Wurmbrand a Cambridge. Infelizmente, eu tinha muitos compromissos, mas adoraria ter feito isso. Ele havia recebido uma carta com ameaças de morte e, por razões de segurança, não viajava de transporte público. Perguntei: "Por que ele quer ir?" e soube que seu objetivo era desafiar o então vigário de Cambridge, Hugh Montefiore, pois o Congresso Mundial das Religiões havia sido realizado em sua igreja algumas semanas antes, e ali Montefiore chamou Jesus de homossexual, o que é uma infame blasfêmia. Wurmbrand, que havia sofrido fisicamente no Leste Europeu, era o homem que desafiaria essa pessoa a pregar a verdade no Ocidente. Isso não provoca em você um sentimento de humildade? Essa é a batalha que travamos hoje, e devemos declarar com muita clareza e muito amor: "Não vamos modificar a fé para satisfazer os intelectuais de hoje. Há apenas um evangelho capaz de salvar!"

2

COMO O MUNDO SE INFILTROU NA IGREJA PRIMITIVA?

Neste breve estudo, estamos tentando abranger uma quantidade imensa de informações. O objetivo é ver o desdobramento do propósito de Deus e o desenrolar de eventos [na história da igreja] que conhecemos tão bem. No capítulo anterior, avaliamos como a igreja ganhou o mundo (ao longo dos primeiros quatrocentos anos) vencendo uma batalha física contra o sofrimento, uma batalha mental contra a heresia e uma batalha espiritual contra as outras religiões. É preciso acrescentar um dado importante: os cristãos venceram essa batalha porque viveram mais do que outros, pensaram mais do que outros, e morreram mais do que outros. A frase não é minha, mas do acadêmico batista T. R. Glover.[1]

Neste capítulo e no próximo, passamos a abordar um tema mais sombrio e solene: como o mundo ganhou a igreja.

---

1 Nota de Tradução (NdT): O sentido dessa afirmação do acadêmico é explicado em outros textos que dizem que os cristãos são chamados a pensar mais profundamente e culturalmente sobre a fé, ser sal e luz e exemplos de uma nova sociedade, tomar a cruz e sempre estar prontos a morrer para o mundo pagão.

Certo quadro da Idade Média retrata a igreja como um bote salva-vidas. Em um mar agitado, os cristãos que estão no bote esforçam-se para salvar aqueles que estão se afogando nas ondas. É um bom retrato da igreja. Ela é um bote salva-vidas e está no mundo, em resposta ao SOS (*Save Our Souls* [salve nossas almas]). O bote precisa estar no mar, porém se o mar invadir o bote, temos um grande problema. A igreja precisa estar no mundo, mas quando o mundo entra na igreja, é o fim, pois ela começa a afundar. A história dos mil anos seguintes nos mostra como o mar entrou no bote, como o mundo se infiltrou na igreja.

Neste capítulo, observamos o mundo se infiltrando na igreja logo no início, entre 100 e 400 d.C., portanto revisitaremos o período que já cobrimos. Mesmo após a vitória da igreja, o mundo começava a infiltrar-se nela. No capítulo 3, vamos analisar o período entre 400 e 1000 d.C., chamado muitas vezes de Era das Trevas, antes de cobrirmos a Idade Média (1000-1500), abrangendo apenas um ano ou dois de Martinho Lutero.

Portanto, vamos considerar primeiramente: "Como o mundo conseguiu infiltrar-se na igreja nos primeiros quatrocentos anos, quando havia mártires como aqueles sobre os quais falamos, quando havia grandes pregadores, quando a batalha estava sendo vencida?" Quatro acontecimentos durante aqueles primeiros quatro séculos contribuíram para enfraquecer a igreja de Jesus Cristo:
- bispos regionais;
- uma visão "mágica" dos sacramentos;
- a religião oficial;
- membresia nominal.

BISPOS REGIONAIS
No período do Novo Testamento, cada igreja tinha determinado número de bispos. Eles eram chamados de

anciãos, bispos ou presbíteros. Os nomes se referem ao mesmo ofício: eram líderes espirituais. Os bispos do Novo Testamento, portanto, cumpriam o mesmo papel que o dos "presbíteros", como são chamados em algumas igrejas hoje.

No estágio seguinte, o número de bispos de cada igreja foi reduzido a apenas um. Certo tempo depois, havia apenas um bispo para muitas igrejas e a liderança começou a concentrar-se em poucas mãos.

O Novo Testamento não relata esse fato. Essa mudança não aconteceu nos primeiros cem anos da igreja cristã, apenas no segundo século. Surgiram, assim, homens de poder e influência notáveis – não havia vários bispos para uma igreja, mas várias igrejas para um bispo. Esse afastamento da ordem divina do Novo Testamento foi, claramente, um dos primeiros aspectos que viria a prejudicar e modificar o caráter da igreja. Essa mudança, curiosamente, imitava a estrutura do Império Romano e seus governadores.

UMA VISÃO "MÁGICA" DOS SACRAMENTOS

Pense no batismo. Em vez de ser um sinal exterior e um selo da purificação espiritual dos pecados, passou-se a acreditar que a água em si e o uso da "fórmula" correta salvaria uma pessoa de seu pecado, independentemente da idade; e que, na verdade, se você pecasse após o seu batismo tudo seria desfeito, e não seria possível repeti-lo, portanto era preciso tomar cuidado! Decidiram, então, que seria melhor que o batismo fosse realizado somente no leito de morte. Afinal, se você fosse batizado antes de estar à beira da morte, seria grande o risco de pecar posteriormente e anular a purificação do seu pecado. Isso fez com que as pessoas começassem a adiar o batismo até ouvir dos médicos: "Não há esperança". Então, eles rapidamente chamavam o ministro para realizar o batismo. Outros, porém, diziam: "É possível que um bebê venha a morrer. Seria melhor batizá-lo logo no início da vida e assim purificar os seus pecados. Não queremos que nossos bebês acabem no inferno!" Essas duas visões eram supersticiosas e mágicas.

Infelizmente, prevaleceu a visão do batismo de crianças. Assim, após cento e cinquenta anos, os bebês começaram a ser batizados, uma prática que persiste até os dias de hoje, uma prática predominante em muitas igrejas ao redor do mundo. Isso fez com que muitos que haviam sido batizados quando criança começassem a afirmar "Sou cristão", e isso afetou a igreja de Jesus Cristo.

Da mesma forma, a Ceia do Senhor começou a ser vista como algo mágico. Foi durante os primeiros quatrocentos anos que se passou a acreditar que o pão era realmente o corpo de Cristo, que o vinho era de fato o seu sangue e, portanto, como a carne e o sangue de Cristo estavam sendo oferecidos, tratava-se de um sacrifício, e o ministro que segurava o pão e o vinho deveria ser um sacerdote.

A RELIGIÃO OFICIAL

Quando o imperador começou a ir à igreja, imagina-se que todos também tenham feito o mesmo. Quando o imperador Constantino afirmou: "De agora em diante, o cristianismo é a religião oficial do império", imagina-se que todos aceitaram e seguiram a tendência do momento. Tornou-se respeitável ir a uma igreja da religião oficial do país. Eu creio que uma religião oficial produz um cristianismo em voga e respeitável. É o que geralmente acontece, mas esse cristianismo não está no Novo Testamento.

MEMBRESIA NOMINAL

O que veio em seguida foi a membresia nominal na igreja. Certo escritor afirmou, no final do segundo século: "Por volta de 50 [d.C.] um membro da igreja era quem havia recebido o batismo e o Espírito Santo e declarava que Jesus era o "Senhor", mas por volta de 180 [d.C.], ser membro era sinônimo de aceitar a regra de fé (isto é, o credo), o cânon do Novo Testamento e a autoridade dos bispos".

Em outras palavras, as pessoas se afiliavam a uma igreja por razões que não eram a sua fé em Jesus e o recebimento do Espírito Santo. A igreja se tornara uma *instituição*.

É claro que, a cada passo da igreja na direção errada, havia protestos. Durante os primeiros quatrocentos anos, os protestos se configuraram como dois movimentos: o montanismo e o monasticismo. Ambos protestavam contra uma igreja que se tornava rica e mundana, e se enchia de pessoas que jamais haviam se convertido.

MONTANISMO

Esse movimento surgiu na região que hoje chamamos de Turquia, na Ásia Menor. Um homem chamado Montano observou que muitos membros da igreja não tinham a manifestação do dom do Espírito Santo, e assim promoveu uma busca novamente pelo Espírito Santo de Deus, o que gerou um avivamento na Ásia Menor. Creio que hoje eles se assemelhariam aos pentecostais. O montanismo redescobriu o Espírito Santo de Deus e trouxe os dons do Espírito de volta à igreja, reavivando o culto. Esse protesto pentecostal contra a morte da igreja e o mundanismo de seus membros revigorou e revitalizou a igreja.

Com forte ênfase na volta de Cristo e uma insistência para que ninguém se tornasse membro da igreja a menos que pudesse professar uma fé genuína em Cristo, com santidade, jejum e uma vida verdadeiramente cristã, esse avivamento pentecostal desafiou a igreja da época.

Mas os bispos se opuseram severamente a ele. Acho que você deve imaginar a razão. É trágico que, como acontece com frequência, o primeiro movimento pentecostal da história tenha dado errado. A causa foi o pouco preparo daquelas pessoas. Elas queriam o "calor" sem a "luz". É preciso ter ambos. A luz sem o calor é muito fria. O calor sem a luz é quente demais. Eles não deram ouvidos aos ensinamentos das Escrituras sobre o exercício dos dons espirituais. O movimento degringolou especialmente por causa da atitude das mulheres. Surgiram profetizas e outras mulheres que eram simplesmente desequilibradas, delirantes ou fanáticas, e que não se submetiam à autoridade ou aceitavam ser ensinadas.

É uma pena que o primeiro avivamento pentecostal tenha fracassado e terminado em fanatismo. O protesto resultou em nada. Todo avivamento pentecostal passa por isso. Podemos aprender com a história: começou com algo bom, um protesto contra a mornidão das igrejas, assim como aconteceu com o conhecido movimento pentecostal na Inglaterra, há mais de um século, pela mesma exata razão. Esses avivamentos, contudo, precisam sempre ter o contrapeso do ensino, do equilíbrio no uso dos dons e da ação dos freios espirituais, caso contrário se torna um delírio fanático.

MONASTICISMO

O outro protesto (poucos anos depois, no mesmo período inicial) foi muito diferente. Alguns cristãos diziam: "A igreja é tão mundana, tão morta, que a única esperança de resgate do cristianismo é abandonar tanto a igreja quanto o mundo".

Alguns dos primeiros adeptos do monasticismo decidiram fazer isso por conta própria: os eremitas. É uma história bastante estranha. O primeiro deles foi Santo Antão. Ele decidiu que somente poderia ser um verdadeiro cristão se vivesse isolado, no meio do deserto. O problema foi que, assim que chegou lá, muitos outros cristãos quiseram unir-se a ele, e não era bem isso que ele tinha em mente. Acima de tudo, ele descobriu que as tentações que sofria quando estava sozinho em uma caverna no deserto eram tão mundanas quanto as que enfrentava dentro da igreja.

Outro eremita ainda mais peculiar chamava-se Simeão Estilita. Ele construiu um pilar de 18 metros de altura com um metro de largura no topo, onde viveu até os 60 anos. Como protesto, chegou a ficar apoiado em apenas uma perna durante um ano para tentar expressar à igreja que o cristianismo implica sofrimento. Lá no alto do pilar, em péssimas condições, coberto de úlceras e vermes, estava o pobre Simeão Estilita, que entrou para a história como alguém que tentou resgatar, em uma igreja mundana, o verdadeiro asceticismo[2] da fé cristã, bem como seu vigor e autodisciplina.

Mais bem-sucedidos do que os eremitas foram os que inauguraram as comunidades de cristãos. Esse movimento foi iniciado por um homem chamado Bento. No monte Cassino, situado entre Roma e Nápoles, esse homem reuniu um grupo de cristãos verdadeiros, que não acreditavam que a igreja estivesse tão mundana e fria que nada mais pudesse ser feito, então disseram: "Vamos viver juntos como cristãos. Não seremos ricos, mas pobres; não seremos lascivos, mas celibatários; não seremos rebeldes, mas obedientes". Esses homens adotaram o voto tríplice de pobreza, castidade e obediência. Algo que se assemelhava a uma guarnição militar romana. O monastério foi um protesto contra uma igreja mundana.

Esse protesto, assim como o outro, não alcançou resultados positivos. Afinal, Cristo não disse que deveríamos ter uma vida cristã distante e afastada de todos. E esses monges, que começaram com a boa intenção de resgatar o cristianismo,

---

2 NdT: O ascetismo ou asceticismo é uma filosofia de vida que envolve práticas voltadas ao desenvolvimento espiritual, entre as quais destacam-se a restrição dos prazeres do mundo e a austeridade.

tornaram-se tão envolvidos em sua própria salvação, tão introvertidos, que se isolaram do mundo e da igreja.

Além disso, os monges produziram a ideia de que há dois tipos de cristianismo – dois padrões, dois níveis. Há cristãos de segunda classe, que se casam, e cristãos de primeira classe, que permanecem solteiros. Há cristãos de segunda classe, que vivem no mundo, e cristãos de primeira classe, que vivem fora deste mundo. Mas esse não foi o ensinamento de Jesus. Nosso Senhor não era um monge. Ele não se isolou das pessoas. Viveu de forma pura, inserido em uma sociedade, e disse a seus discípulos que eles estariam no mundo, mas não deveriam fazer parte dele. Esse protesto, portanto, embora sincero, não era correto.

3

A "ERA DAS TREVAS"
(400-1000 d.C.)

A QUEDA DE ROMA
Em 410 d.C., ocorreu uma catástrofe. Os bárbaros do norte investiram contra a cidade de Roma. Vieram então os vândalos,[1] os francos, os hunos, os godos – esses povos "bárbaros".[2]

Caiu então a Roma daquela era. Os romanos deixaram a Bretanha naquele ano a fim de retornar a Roma e defendê-la, mas não conseguiram fazê-lo. Assim que os romanos saíram da Bretanha, os jutos, os anglos e os saxões vieram com força e destruíram o cristianismo na Inglaterra e no sudeste da Escócia. Portanto, o cristianismo, que havia sido trazido pelos soldados romanos, sendo a religião predominante na Inglaterra durante os primeiros quatrocentos anos, desapareceu quando os romanos deixaram a Bretanha. Os anglo-saxões chegaram e dominaram tudo.

A queda de Roma parecia representar o fim da civilização. Jerônimo, escrevendo em Jerusalém, afirmou: "A raça

---

[1] Ainda usamos esse termo para designar aqueles que destroem tudo à sua frente.
[2] Aos ouvidos dos gregos, os povos estrangeiros falavam algo parecido com "bar-bar-bar", por isso ficaram conhecidos como "bárbaros".

humana está arruinada". Para muitos, era intrigante que Roma tivesse sobrevivido centenas de anos como um império pagão, e agora, sendo cristã, tivesse desmoronado.

SANTO AGOSTINHO

Certo homem, porém, avaliou a situação e chegou à mais extraordinária conclusão: ele disse que nada melhor poderia ter acontecido. Seu nome era Agostinho, e ainda hoje seus livros são vendidos em aeroportos. Seguramente você reconheceria algumas das palavras desse grande homem: "Nosso coração anda inquieto enquanto não descansa em ti" – provavelmente a oração mais citada da história. Foi Agostinho quem orou: "Dá-me castidade, mas não agora". Foi o mesmo Agostinho quem disse: "Ama e faz o que quiseres". Agostinho teve mais influência na história da igreja do que qualquer outro homem depois do apóstolo Paulo. Nascido no norte da África, foi aluno da Universidade de Cartago, envolveu-se com pessoas erradas e passou a viver com uma concubina, com quem teve um filho. Agostinho viveu um relacionamento ilícito com sua concubina por aproximadamente vinte anos. Seu pai era pagão, mas sua mãe era muito temente a Deus e, em lágrimas, orava por ele todos os dias.

Mais tarde, graças à sua mente e carreira acadêmica brilhantes, ele foi convidado para ser professor de retórica na Universidade de Milão. Ali, ouviu o devoto bispo Ambrósio, cuja tumba com seus restos mortais eu pude visitar. Sob a pregação de Ambrósio, o jovem Agostinho, com sua mente brilhante e vida totalmente devassa, foi movido a uma tremenda convicção da sua falta de propósito e do seu pecado. Certo dia, sentado em um jardim, ele ouviu a voz de uma criança, um menino que estava do outro lado do muro e dizia: "Toma e lê, toma e lê". Ele nunca soube quem era o menino. Mas notou que havia um pergaminho ao seu lado, e pegou-o para ler; era a carta de Paulo aos Romanos! Agostinho leu toda a carta, ao longo de toda a tarde. Quando se dirigiu à rua, a mulher com que vivia o viu e ele fugiu dela. Ela correu atrás dele dizendo: "Agostinho, sou eu, sou eu", e ele respondeu, gritando por sobre o ombro: "Mas não sou eu, não sou eu!"

Aos poucos, ele corrigiu seu modo de vida e começou a escrever. Você pode ler toda a história da conversão de Agostinho em sua obra *Confissões*. Ele era um homem de meia-idade quando Roma caiu e o mundo todo parecia desmoronar ao seu redor. Começou a refletir a respeito e, finalmente, escreveu outro livro importante (foram muitos!) – *Cidade de Deus* – no qual afirmou que achava bom que a cidade pagã de Roma tivesse caído, pois agora a cidade de Deus poderia substitui-la. Era bom que um império terreno tivesse chegado ao fim, pois o império celestial poderia ser estabelecido. Esse livro trouxe esperança e vida nova a muitas pessoas. Levou-as a enxergar que havia uma cidade de Deus que ainda sobreviveria mesmo quando a cidade dos homens ruísse.

Esse foi o problema, pois todos começaram a perguntar: "O que é essa cidade de Deus? Ela é visível ou invisível? É terrena ou celestial?" A essa altura, com seu segundo livro, Agostinho levou muitas pessoas ao engano. Curioso é que, séculos depois, na ocasião da Reforma, tanto protestantes quanto católicos-romanos afirmaram: "Nós seguimos Agostinho"! Os protestantes, no entanto, estavam seguindo a obra *Confissões*, e os católicos-romanos, a obra *Cidade de Deus*. Foi o que aconteceu. A igreja disse: "Bem, se essa é a verdade, então a igreja é agora o novo império", e um dos primeiros resultados disso foi a elevação do bispo romano à posição de imperador.

Havia, porém, naqueles dias, um grande debate a respeito da palavra "papa". Ela significa, basicamente, "pai". Embora

Jesus tenha dito: "A ninguém na terra chamem 'pai' porque vocês só têm um Pai, aquele que está nos céus", eles começaram a chamar de "pai" o sacerdote local. Depois, chamaram de "pai" os bispos regionais. Então, muitos bispos, de Jerusalém, Alexandria, Constantinopla e Roma, entre outros, começaram a reivindicar o título. O bispo de Roma disse: "Veja bem, a cidade de Roma caiu, mas eu sou o imperador agora. Sou o bispo principal e, de agora em diante, vocês devem me chamar apenas "papa", ou "pai". E assim surgiu o papado como o conhecemos.

Curioso é que o papa tenha se apropriado dos títulos e até mesmo das vestimentas do imperador romano! Adotou também o título de *Pontífice Máximo* – hoje conhecido apenas como Pontífice. É o título do imperador romano. A ideia equivocada de Agostinho fez com que as pessoas pensassem que a igreja era o novo império. Ela deveria ter seu imperador, suas vestes e cerimônias. Deveria ter seu trono. O papa tornou-se um rei.

Obviamente, podemos imaginar que os cristãos não aceitariam nada disso. De fato, os cristãos franceses não aceitaram. Os cristãos irlandeses não aceitaram. Os cristãos galeses não aceitaram e os escoceses também não. Mas não foi assim com os cristãos ingleses.

A certa altura, tinha-se a impressão de que as Ilhas Britânicas ficariam divididas entre os que acreditavam que o cristianismo não deveria ter um papa, e os que pensavam o contrário. São Columba saiu da Irlanda rumo à ilha de Iona e depois à Escócia, e ganhou esse país para Cristo. Então, São Edano chegou à ilha de Lindisfarne, de onde evangelizou Northumberland. Nessa pequena ilha, ainda é possível ver as ruínas da igreja de São Edano. Esse cristianismo celta não papal, portanto, passou pela Irlanda e Escócia e alcançou o norte da Inglaterra. Posteriormente, o papa decidiu: "Precisamos chegar à Inglaterra. Devemos alcançar esses anglo-saxões". Ele enviou missionários, entre eles outro Agostinho, que chegou à Ilha de Thanet e, mais tarde, à Cantuária. Os dois tipos de cristianismo, o celta e o romano, tiveram um encontro notório em Whitby. Podemos ver as ruínas do lugar onde se encontraram [para o Sínodo], logo acima do porto local.

Ali, no ano 660 d.C., o cristianismo papal encontrou-se com o cristianismo celta e, infelizmente, acabou vencendo, fazendo com que as Ilhas Britânicas se submetessem ao trono papal. A Escócia chegou a mudar seu santo padroeiro de São João para Santo André. Tudo foi afetado.

O outro grande grupo de cristãos que se opôs a isso era formado pelas igrejas do leste do Mediterrâneo: Grécia, Ásia Menor, Síria e Egito. Esse grupo não reconheceu a decisão afirmando que não havia respaldo bíblico para ela; não deveria haver um "papa", um pai de toda a igreja, pois esse não era o ensinamento do Novo Testamento. Teve início, então, uma divisão que foi concluída no ano de 1054 e manteve separadas as igrejas orientais e ocidentais até a década de 1960. Somente no século 20, as igrejas do Oriente e do Ocidente retomaram o diálogo. Durante mil anos, essa questão as manteve separadas. E obviamente, ela ainda precisa ser resolvida.

Assim, a igreja tornou-se um império, e o principal autor dessa transformação foi, é claro, o papa Gregório. Depois dele, veio Leão, o Grande – o papa Leão I – que alegava ser o sucessor de Pedro. E então, houve uma sequência de acontecimentos espantosos. No ano de 850 d.C., o papa declarou: "Encontrei documentos que provam que Pedro indicou o primeiro papa, e este indicou o segundo, que indicou o terceiro, e assim sucessivamente". Hoje sabemos – e a Igreja Romana também sabe – que esses documentos foram forjados. São conhecidos como os *Decretais forjados*, portanto todo o papado foi fundamentado em uma falsificação. Outra falsificação, a *Doação de Constantino*, alegava que tudo que havia na Itália pertencia ao papa.

O papa descobriu esse documento falsificado e afirmou: "É isso! Toda a Itália pertence a mim!" Sobre esse tipo de alicerce toda a estrutura estava fundamentada, e embora até Roma tenha conhecimento disso hoje, ainda insiste em afirmá-la. O poder de Roma, portanto, apenas se expandia.

CARLOS MAGNO

Em 742 d.C., nasce um homem cujo sonho viria a ser restaurar o Império Romano e colocá-lo de volta no mapa, sendo ele mesmo o imperador, e tendo o papa logo abaixo dele. Seu nome, Carlos Magno, ainda provoca arrepios. Esse homem cruel afirmou: "Teremos um Império Romano de volta e seu líder não será um papa, mas um imperador". Por duas vezes Carlos Magno salvou a vida do papa: das mãos dos bárbaros e das multidões em Roma que se iravam contra ele. O papa perguntou a Carlos Magno o que poderia fazer para retribuir. E o imperador respondeu: "No dia de Natal, coroe-me como imperador!"

Em 800 d.C., no culto da manhã do dia de Natal, celebrado na maior igreja de Roma, o papa coroou o rei dos francos: "Carlos Magno, imperador do Sacro Império Romano". Mil anos depois, o Sacro Império Romano estava de volta.

Fecha-se o círculo. A queda do Império Romano ocorreu em 410 d.C. A igreja assumiu o império. Então, em 800 d.C., o imperador tomou o império da igreja. Aparentemente, tudo voltava ao ponto de partida.

Carlos Magno tem feitos positivos e negativos. Entre o que fez de bom, ele proibiu os clérigos de ter concubinas, visitar tavernas e caçar, e fundou escolas. Mas ele também proibiu que os clérigos se casassem – a ele devemos o celibato dos sacerdotes romanos.

Carlos Magno idealizava um reino no qual houvesse uma parceria entre ele e o papa, sendo Carlos o sócio majoritário. Cunhou o termo "cristandade": um reino que estaria sob um imperador cristão. A palavra representa um conceito que persiste até hoje, e algumas pessoas ainda têm esperança de que, um dia, haja uma cristandade que será o Reino de Cristo.

PROTESTOS

A igreja, em consequência do grande poder e riqueza adquiridos, se corrompeu. Mais uma vez, surgiram protestos. A igreja agora tinha um papa como líder, venerava imagens e ensinava às pessoas que elas seriam salvas se fizessem "peregrinações" e "penitências". Essa igreja ensinava muitas coisas que não são encontradas no Novo Testamento. Os protestos começaram no leste e no norte.

Surgiram no leste, em consequência de dois desdobramentos. O primeiro foi a maior punição que já sobreveio à igreja cristã: a ascensão do islamismo. Já morei na Arábia e conheço um pouco dessa religião. Vou lhe falar um pouco a respeito.

Maomé nasceu em 571 d.C., em uma cidade chamada Meca, o local central da superstição idólatra para o povo árabe. No centro de Meca havia um imenso edifício de formato quadrado, coberto com cortinas pretas – a Caaba – e dentro dele, uma pedra sagrada, um meteorito que havia caído do céu. Havia, no entanto, muito mais superstição e idolatria na Arábia. Esse homem, Maomé, cresceu cercado pela idolatria e superstição dos árabes e revoltou-se contra esse contexto, e então veja só: procurou primeiramente os judeus e depois os cristãos e lhes perguntou: "Vocês têm a verdadeira religião?" Pena que Maomé nunca tenha conhecido um cristão convertido! E nunca tenha testemunhado o verdadeiro cristianismo, como o do Novo Testamento! Tudo o que ele viu na ocasião foram sacerdotes em vestes especiais, imagens e crucifixos, e concluiu: "É tão idólatra quanto a religião árabe". Bastava que Maomé tivesse conhecido um cristão verdadeiro no final do século 6 para que tudo fosse diferente, mas isso não aconteceu e ele decidiu procurar uma nova religião que fosse pura. Maomé então se afastou desse desventuroso cristianismo pervertido que, naquele momento, era tudo o que ele pode encontrar.

Casou-se com uma viúva rica e passou anos no deserto, e ali, ele conta que uma voz lhe disse: "Não há outro Deus além de Alá, e Maomé é seu profeta". Então ele começou a pregar. Através de um ou vários amanuenses ele registrou em um livro – o Corão – o que testemunhou em suas visões. Foi perseguido e precisou fugir para Medina em 622 d.C., data que é celebrada pelos árabes. Maomé retornou a Meca (com um exército!) e impôs ali a nova religião. A partir de então, todos foram obrigados a orar prostrados em direção a Meca. Ensinava que, por meio de uma religião de boas obras, da oração cinco vezes ao dia, do jejum no Ramadã, das peregrinações a Meca e das esmolas aos pobres, era possível chegar ao céu.

O islamismo expulsou o cristianismo do Mediterrâneo. Afugentou o cristianismo da costa norte da África. Expulsou o cristianismo de Jerusalém, da própria Terra Santa, o lugar onde Jesus havia morrido. Invadiu a Espanha e chegou até a Ásia Menor. Varreu a França e chegou às portas de Lyon. Tomou o Leste Europeu alcançando até Viena, e parecia que destruiria o cristianismo por meio de uma gigante manobra militar. Foi o maior juízo que Deus permitiu que acontecesse à igreja cristã e foi merecido. O cristianismo praticamente desapareceu da costa do Mediterrâneo.

Então Deus disse: "Basta". Ele não permitiria que o cristianismo fosse completamente aniquilado e deteve o islamismo em Lyon e Viena, e os muçulmanos recuaram aos limites de hoje – principalmente na costa norte da África até a Turquia. Isso porque, na época, em toda a Europa, pequenos grupos de cristãos estavam se reunindo para estudar a Palavra de Deus. Eles perceberam que a igreja oficial era corrupta e apenas decidiram se reunir em grupos pequenos. Liam a Bíblia e diziam: "Vamos adorar a Deus com simplicidade. Vamos adorar juntos. Não precisamos de sacerdotes. Temos Jesus, nosso sumo sacerdote. Não precisamos de um papa. Temos um Pai no céu. Não precisamos de toda essa parafernália. Precisamos apenas da Palavra de Deus e do Espírito Santo", e assim faziam.

Pouco sabemos sobre esses cristãos porque eles foram tão perseguidos que até os registros de sua história foram destruídos. Eu me pergunto quantos ouviram sobre um grupo de pessoas chamado "bogomilos". Essas pessoas se reuniam em toda a Europa para estudar a Palavra de Deus. Começaram a reunir-se primeiramente na Bulgária e na Bósnia. A palavra *bogomil* é o termo em búlgaro que significa "amigo" ou "querido" – amigos de Deus.

Havia os paulicianos, que se reuniam na Armênia, Trácia e Ásia Menor. Havia também os cátaros, que se reuniam na região dos Bálcãs. Seu nome tem origem no grego *katharos* e significa "puro", a mesma definição dos "puritanos".

Em minha simplicidade, eu costumava pensar que, durante mil anos, as únicas igrejas que existiam eram as romanas e as orientais, mas isso não é verdade. Fiquei emocionado ao descobrir que, ao longo desses séculos, vários grupos de cristãos simples se reuniam para estudar a Palavra de Deus em igrejas locais. Pagavam muitas vezes com a própria vida, mas se reuniam e assim mantiveram a chama da fé acesa por várias gerações.

4

A IDADE MÉDIA
(1000-1500 d.C.)

O período de 1000 a 1500 d.C. é chamado de "Idade Média" porque fica entre a "Era das Trevas" e a "Era Moderna".

HILDEBRANDO
Esse monge tornou-se papa [Gregório VII], mas não se contentou em ser o "número dois". O Império Romano fora restaurado e tinha um novo imperador, mas o papa ocupava o segundo lugar nessa hierarquia de poder. Hildebrando decidiu que o papa deveria ser o número um. Meu relato dos acontecimentos é muito simples, mas corresponde ao que ocorreu de fato. E Hildebrando alcançou seu objetivo. Ele fez muitas coisas boas. Extirpou da igreja parte da simonia – compra ou venda ilícita de benefícios eclesiásticos, como cargos, por exemplo. Eliminou o que havia de errado, mas o fez porque acreditava que o papa deveria ter o controle de tudo, até mesmo dos reis. A batalha entre Hildebrando e o imperador – Henrique IV, na época – foi encerrada da forma mais terrível e dramática. Henrique IV desafiou Hildebrando afirmando ser o número um. E Hildebrando respondeu: "Não é, não. Vamos deixar o povo decidir". O povo escolheu Hildebrando. Lá nos Alpes, o papa se encontrou com Henrique IV, que chegara do norte da Europa.

Em sua casa na montanha, o papa manteve o imperador aguardando do lado de fora, na neve, descalço, durante três dias, antes de conversar com ele. E assim Hildebrando colocou o imperador em seu devido lugar.

A partir de então, durante os quinhentos anos seguintes, o papa tornou-se a figura mais influente do Mundo Ocidental, que passou a ser controlado pelo poder do papado. A igreja hoje é novamente um império, e foi esse papa que deu origem ao símbolo do papado; esse emblema, para meu total desagrado, estava no uniforme escolar de um de meus filhos: as chaves entrecruzadas de São Pedro. Uma delas é a chave da autoridade sagrada sobre a igreja e a outra é a chave da autoridade secular sobre o Estado. As chaves cruzadas de São Pedro, presentes no brasão de nossa comunidade local, representam, na verdade, a reivindicação de Hildebrando de ser o "maioral" da igreja e do Estado.

Com isso, o poderio físico das forças armadas ficou à disposição da igreja, e como consequência de sua forma de pensar, Hildebrando começou a usar a força para estabelecer o Reino de Cristo. Esse foi o maior erro que alguém poderia ter cometido.

CRUZADAS À TERRA SANTA

As Cruzadas foram a primeira consequência da ideia de que era válido que a igreja usasse a força. A essa altura, os locais sagrados, Jerusalém entre eles, estavam nas mãos dos muçulmanos. O papa, encorajado por outros, decidiu que a igreja lutaria e reconquistaria a Terra Santa para Cristo. A primeira cruzada teve início em 1095. Foi ideia de Hildebrando, mas ele morreu antes que ela pudesse ser colocada em prática. No entanto, mesmo enquanto ele estava vivo, algumas pessoas já defendiam essa causa, assim como acontece hoje, quando as pessoas se mobilizam e saem às ruas, marchando vários quilômetros para defender uma causa, aquela foi considerada a grande causa da época a ser defendida! Em todos os lugares havia marchas e peregrinações em sua defesa. As pessoas peregrinavam, porque estavam numa cruzada. Usavam uma "cruz" sobre os ombros, explicando assim o nome "cruzada". Marchavam empunhando cruzes nas bandeiras ou sobre os ombros, como dragonas.

A primeira cruzada foi organizada por um pregador desleixado, rude e fanático chamado Pedro, o eremita. Ele partiu com 600 mil homens, e somente dez por cento deles chegaram ao destino. A maioria morreu nas altas montanhas da Turquia. Mas muitos conseguiram chegar. Tomaram Jerusalém e a saquearam. Estupraram as mulheres e estabeleceram o chamado "governo de Cristo" em Jerusalém, assassinando todos os judeus sarracenos da cidade. Mas essa é uma postura cristã? Obviamente que não. Eles foram enganados e milhares de pessoas pensaram que isso representava a igreja: um império terreno, que se estabelecia por meio da força. Havia incentivos. Caso fossem lutar por Cristo, teriam a absolvição de seus pecados e receberiam indulgências, a redução do tempo no purgatório, algo em que se acreditava. Prometeram-lhes que suas dívidas seriam perdoadas pela lei e disseram-lhes que haveria perdão para criminosos que deixassem a prisão para ir lutar. Só podemos imaginar o grupo heterogêneo que se formou.

Filipe da França envolveu-se nessa missão, assim como o rei Ricardo (Coração de Leão) da Inglaterra. Oito vezes os cruzados partiram para tomar aquele lugar. Ainda é possível ver as ruínas dos castelos dos cruzados por toda a Terra Santa – estão na cidade de Acre, no monte Hermom. Foi o maior desastre que já houve.

Uma das cruzadas era formada por crianças, e dois mil pequeninos marcharam por toda a Europa para tentar reconquistar a Terra Santa para Jesus. Nenhum deles chegou ao objetivo. O papa disse: "Se vocês forem, seu alimento será milagrosamente provido por anjos", mas os anjos jamais apareceram e o alimento nunca chegou. Precisamos conhecer os detalhes dessa história espantosa se desejamos entender o contexto da Reforma.

Qual foi a principal falha ou engano dessa empreitada? A resposta é: acreditava-se que o Reino de Cristo poderia ser estabelecido pela força física.

Foram fundadas ordens de cavaleiros como a de São João de Jerusalém e dos templários. Tudo parecia grandioso, algo pelo que valia a pena lutar. A causa convenceu os jovens e lá foram eles, aos milhares, em direção à morte.

A última cruzada foi um completo fracasso. Nos arredores do vulcão extinto Cornos de Hatim, morreu de sede o último cruzado, sitiado pelos sarracenos. Assim, em 1270, a Europa suspirou de alívio, pois o papa determinou o fim das cruzadas. É um dos capítulos mais tristes da história da igreja. Não alcançou objetivo algum; na verdade, conseguiu algo muito pior.

O papa, então, se voltou para questões internas da igreja, aplicando a força física, antes usada externamente, e dando início a outro terrível capítulo.

A INQUISIÇÃO

Não ouso descrever tudo o que foi feito em nome de Cristo. Os bispos se recusaram a operar essa abominável máquina de crueldade, maldade e desconfiança que forçava as pessoas a seguir os preceitos cristãos, mas os dominicanos se dispuseram a isso e, durante longos anos, algo terrível chamado "Inquisição" aterrorizou muitas pessoas.

Durante esse período, a igreja errou ao considerar-se um império terreno, justificando o uso da força física para estabelecer a causa de Cristo. Hoje sabemos que essa não é a forma de fazê-lo. Sabemos que a igreja jamais deve constranger alguém a aceitar a fé cristã; pelo contrário, deve apresentá-la usando a força do amor e da pregação do evangelho. Obviamente, não demora para a corrupção voltar-se contra si mesma. "O poder tende a corromper", afirmou Lorde Acton, "e o poder absoluto tende a corromper absolutamente".[1] E o poder de fato corrompeu. Pouco tempo depois, havia dois papas e ambos disputavam o trono. Depois surgiram três papas, e as pessoas se perguntavam o que iria acontecer. Havia um papa em Avignon.[2] Um papa estava ali. Havia um pontífice em Avignon, não apenas a ponte! Lá estava ele! E havia um papa em outro lugar, um papa em Roma. Quem é o papa agora? Veja bem, esse tipo de atitude logo resulta em desintegração. Eles conseguiram estabelecer o papado, mas a corrupção também se estabeleceu ali.

Os monastérios tornaram-se corruptos. Havia riqueza em excesso. Os bispos tornaram-se poderosos demais. Havia corrupção nas paróquias e nas práticas comuns da religião cristã. Havia orações para Maria. Mas a Bíblia nunca nos ensinou a orar para Maria, pois ela era um ser humano como todos nós. Havia orações pelos mortos. Havia orações aos santos. Havia a doutrina que provocava grande temor: o purgatório – os anos de sofrimento que uma pessoa enfrentaria após a morte. Havia a doutrina da "missa", do "sacrifício" – a chamada Ceia do Senhor, oferecida pelo sacerdote. Havia a confissão ao sacerdote.

---

1 Isso foi o que Lorde Acton realmente disse.
2 NdT: David Pawson menciona um cântico francês conhecido *Sur le pont d'Avignon* (Sobre a ponte de Avignon). Dessa ponte, era possível ver o palácio dos papas, construído no século 14, que serviu como sede do papado durante um período tumultuado em que o papa deixou sua sede em Roma. Foi construído de 1335 a 1364 e serviu como sede da Igreja Católica até 1377, quando o papado voltou para Roma. Continuou servindo como sede de dois papas designados por grupos opostos a Roma durante o cisma papal até 1403.

Havia indulgências, para que, por certa quantia você pudesse reduzir os anos passados no purgatório. Havia peregrinações. Havia a adoração de relíquias. Havia imagens no culto. Nada disso está no Novo Testamento, mas quando tal corrupção se instala, tudo parece desandar. Quando tal poder e riqueza se infiltram na igreja não demora até que o culto e outros elementos sejam destruídos.

Qual foi a principal falha por trás de tudo isso? O que deu errado? Vou lhe responder em uma frase: a igreja havia começado a tentar ocupar o lugar de Cristo – e isso ainda acontece.

Perguntei a um conhecido sacerdote se isso ainda era verdade. E ele respondeu: "Sim, e não vai mudar". Eu estava lhe perguntando sobre o Concílio do Vaticano e lhe disse: "Olha, tenho uma divergência, um problema com tudo isso: eu não creio que a igreja seja Cristo; não creio que a igreja seja profeta, sacerdote e rei. Jesus é o único profeta, sacerdote e rei".

Ele me disse francamente: "Não vamos discutir isso, tampouco o Concílio do Vaticano o fará, porque isso nunca vai mudar".

Eis aqui o principal erro: se creio que sou o profeta para o mundo, então posso determinar ao mundo qual deve ser a sua crença e posso afirmar, infalivelmente, o que é verdade. Se sou o sacerdote do mundo, posso dizer: "Tome os meus sacramentos e confesse a mim os seus pecados se quiser encontrar salvação". E se creio que sou o rei do mundo, então estabelecerei minha autoridade da forma mais ampla possível.

Isso é confundir a cabeça com o corpo da igreja. A cabeça é divina. O corpo é humano. Cristo é a cabeça e ele é profeta, sacerdote e rei. A igreja não tem esse papel. Essa é a diferença básica entre o protestantismo e o catolicismo; uma diferença tão grande hoje quanto sempre foi, uma situação que não vai mudar. Não houve qualquer avanço a esse respeito.

Foi durante a Idade Média que o papado começou a considerar-se profeta, sacerdote, rei e vigário de Cristo na terra, de modo que [para os católicos], quando o papa fala de seu trono, é como se Cristo estivesse falando. Esse é o ponto fundamental. Digo isso em amor, mas essa ainda é a maior questão a enfrentar, e não houve qualquer avanço nesse sentido. O livro escrito pelo italiano Vittorio Subilia, intitulado *The Problem of Catholicism* [O problema do catolicismo – em livre tradução] esclarece esse ponto. Emprestei o livro a sacerdotes e eles foram francos em sua opinião: "É um bom livro. O melhor livro protestante que existe sobre Roma". É o que indicam as críticas na imprensa católico-romana. Um dos comentários dizia: "É o melhor livro protestante que já foi escrito sobre Roma, é absolutamente preciso a respeito do que cremos; mas não pretendemos mudar isso e ponto final".

A igreja não é Cristo, portanto a igreja não é rei; a cidade de Deus tem Deus como construtor e arquiteto, não o homem. Cristo declarou: "Edificarei a minha igreja". Ele não disse que você a edificará. Cristo é a cabeça da igreja e ninguém mais ocupa essa posição ou deve ocupá-la. Mesmo em uma igreja local, o ministro pode tentar ser a cabeça da igreja; os presbíteros podem tentar ser a cabeça da igreja. No entanto, minha oração é que o governo de cada igreja esteja sobre os ombros de *Cristo* e que ele seja a cabeça. Não há outro e jamais pode haver. Quando a igreja começa a agir como se fosse Cristo, essas são as consequências.

Mas me alegro em dizer que ao longo de toda a Idade Média, de 1000 a 1500 d.C., pessoas protestaram [contra a postura errônea da igreja] dizendo: "Isso não é verdade! Isso não é cristianismo. Isso não é o que Jesus queria que acontecesse". Esses pequenos grupos eram conhecidos por vários nomes. Quero apenas mencionar quatro deles para que você tenha uma ideia.

Na Holanda, havia os begardos. Tratava-se apenas de pessoas que se reuniam para estudar a Bíblia e declaravam: "Cristo é a cabeça da igreja". Depois vieram os valdenses, que surgiram no norte da Itália e afirmavam: "Nós cremos que esse livro, as Escrituras, nos conta o que Jesus espera da igreja". Eles foram até o papa e disseram: "É assim que entendemos. Gostaríamos de ser reconhecidos como um segmento legítimo da igreja que coloca em prática os princípios deste livro". Eles também desejavam permanecer na Igreja Romana, mas queriam seguir os princípios bíblicos. O papa respondeu: "Não, se vocês fizerem o que pretendem fazer, vou persegui-los". E foi o que aconteceu. Os valdenses passaram a fugir de um vale para outro.

Outro grupo que se formou foi o dos albigenses,[3] no sul da França. Ao estudar a Bíblia, eles concluíram: "Agora vemos como a igreja e os cristãos devem ser". Creio que a campanha mais sangrenta promulgada pelo papado foi contra essas pessoas queridas, os albigenses. No entanto, dois nobres espanhóis enviados pelo papa disseram: "Eles são bons cristãos. Não são criminosos. Não estão contra o papa. Querem estar na igreja. Querem praticar o que aprenderam nas Escrituras". Esses dois homens – Dominic era o nome de um deles – decidiram acolhê-los na igreja, e para isso, inauguraram a Ordem Dominicana (ou Ordem dos pregadores). Eles copiaram os albigenses. Trágico é que, posteriormente, os dominicanos tenham se corrompido a ponto de estarem dispostos a levar adiante a Inquisição.

Havia outros grupos. Na Alemanha, por exemplo, ficavam os Irmãos da Vida Comum. Todos esses grupos eram

---

3 NdT: Esse movimento também foi chamado de catarismo.

separatistas da hierarquia católico-romana. Baseavam-se inteiramente na Bíblia e usavam a linguagem do povo; foram perseguidos até a morte. A igreja verdadeira sempre foi perseguida.

Entre os que testemunharam a atuação [da igreja] também estavam pessoas que se retraíram e assistiram a tudo reservadamente. Bernardo de Claraval foi um desses. Mesmo tendo sido líder de uma gangue de ladrões, ele caiu em si depois de sua experiência como prisioneiro nas guerras da Itália. Percebeu que estava desperdiçando sua vida e tornou-se um homem sério. Filho de um barão francês, Bernardo deixou sua riqueza e se retirou para um vale cheio de ladrões no sul da França. Viveu ali em extrema pobreza, alimentando-se de ervas e de folhas de faia cozidas. Despertava seus irmãos todos os dias, às duas horas da madrugada, para orar. Ele não permitia que interrompessem o trabalho até as oito horas da noite, e assim construíram uma comunidade no vale de Claraval. Bernardo tornou-se um dos cristãos mais poderosos da Europa. Chegou até a escolher um papa. Fez tudo isso sem um cargo, sem dinheiro algum, sem qualquer força material ou psicológica. Ele o fez simplesmente por ser um grande homem cristão. As pessoas vinham de todos os lugares à sua procura para lhe pedir conselhos. Então ele saía e pregava a todos. Bernardo de Claraval tornou-se um grande homem, um homem influente, graças ao seu caráter moral. Foi chamado posteriormente de "conselheiro de papas" porque exercia influência na indicação e nomeação de papas. Ele teria colocado Inocêncio III no trono papal. Em sua vida particular, ele amava Jesus. Martinho Lutero disse certa vez: "Dentre todos os monges e sacerdotes da história, tenho o mais alto apreço por Bernardo de Claraval". Infelizmente, em público, ele se sentia obrigado a apoiar o papado, e alguém afirmou sabiamente que Bernardo atrasou a Reforma por pelo menos dois séculos. Esse homem, com seu maravilhoso amor reservado pelo Senhor, publicamente atrasou o que poderia ter acontecido antes.

Você já deve ter ouvido falar de Francisco, um contemporâneo próximo de Bernardo, nascido na pequena cidade de Assis, na Itália. Ele foi despertado para a vida após deparar-se na rua com um mendigo, leproso, e afastar-se dele para o outro lado. Ao fazer isso, pensou: "Que tipo de homem sou eu, afastando-me de outro homem?" – então voltou e beijou o leproso. Começou então a encarar a vida com seriedade; buscou conhecer a Cristo e o encontrou. Reuniu à sua volta muitos amigos, que saíam de dois em dois, na mais extrema pobreza, pregando o evangelho e ganhando pessoas para Cristo. Embora Francisco seja mais lembrado por seu notável apreço pelos pássaros e outros animais (seu amor pela natureza era singular), ele foi o primeiro missionário a pregar aos muçulmanos e assim deveria ser lembrado. Arriscando sua vida, Francisco dirigiu-se ao próprio sultão – o líder dos muçulmanos – para pregar o evangelho de Jesus Cristo. Em vez de levar consigo um exército de 600 mil soldados para enfrentar os muçulmanos, Francisco foi só, na pobreza, para pregar o amor de Jesus.

Esses homens se destacam. Francisco e seus seguidores usavam vestes cinzentas e tornaram-se conhecidos como *Greyfriars* [frades que usavam hábitos cinzentos], nome ainda encontrado nas ruas da cidade. Os dominicanos usavam vestes pretas, por isso ficaram conhecidos como *Blackfriars* [frades que usavam hábitos pretos], nome de uma região central de Londres. Os frades de cinza e os frades de preto, portanto, tentaram restaurar na igreja o simples modo de vida cristão. O lado triste dessa história é que eles também erraram e se corromperam: os franciscanos tornaram-se mendigos profissionais e os dominicanos, como já observamos, lideraram a Inquisição.

Toda a situação clamava por alguém que mostrasse a verdade, e o fizesse de uma forma que todos pudessem ouvi-la e compreendê-la. Certo homem chamado Arnoldo de Brescia começou a afirmar, em 1150, que a riqueza e o poder terreno não deveriam estar nas mãos da igreja. Mas infelizmente, Bernardo de Claraval se opôs a ele e fez com que se calasse. Surgiu então um médico chamado Marcílio. Ao ler a Bíblia, ele concluiu: "A Bíblia, e nada mais, é a norma da igreja, e os bispos e papas são invenções humanas". Mas ele foi silenciado. Um inglês chamado Guilherme de Ockham, professor da Universidade de Paris, disse o mesmo, e foi igualmente silenciado.

Finalmente, coube a um homem de Yorkshire ser "a estrela da manhã" da Reforma. A estrela da manhã é aquela que ainda pode ser vista mesmo depois do nascer do sol. Ele chegou a Oxford como um aluno brilhante, tornou-se professor da Universidade de Oxford, viajou a muitos lugares e recebeu o apelido de *Doctor Evangelicus*. É fácil imaginar por quê. Seu nome era John Wycliffe, e foi ele quem resgatou a importância da Bíblia e se destacou como seu defensor mais do que qualquer outro, sendo um dos precursores da Reforma de Martinho Lutero. John entendeu a situação de corrupção na igreja e protestou contra o abuso papal.

Cinco decretos papais foram emitidos contra ele. Naqueles dias, eram chamados de "bulas pontifícias". John foi levado a Cantuária para ser julgado, mas voltou-se para as Escrituras, a única lei da igreja, dizendo: "Vou traduzir esta Bíblia do latim para a língua inglesa. Vou fazer com que os jovens lavradores conheçam este livro". John Wycliffe traduziu a Bíblia com muito sacrifício, sabendo que se a colocasse nas mãos de homens e mulheres comuns, eles teriam a resposta para contestar toda a corrupção presente na igreja. Por isso afastou-se de tudo para se dedicar à tarefa, e alcançou seu objetivo.

Reuniu um grupo de pregadores que, com muita simplicidade, andavam pelas aldeias com a tradução da Bíblia de Wycliffe e pregavam na praça do mercado – também eram bons cantores. Eles cantavam o evangelho. Sempre que o evangelho é realmente pregado, ele será salmodiado também. Foram chamados de "lollardos", cuja origem é o inglês *lull*, termo que define o ato de cantar ou salmodiar. Esses acontecimentos iriam produzir algo tremendo.

Se um dia você visitar a cidade de Amersham, na Inglaterra, suba a Station Road, depois vire à esquerda e siga pelas casas até o campo. Há ali um monumento às pessoas que foram queimadas vivas por seus próprios filhos, forçados a acender as fogueiras que queimariam seus pais até a morte. Por quê? Porque foram pegos lendo suas Bíblias em Amersham Woods – fruto do trabalho de Wycliffe e dos lollardos – razão pela qual há um monumento ali. Você precisa saber disso. Wycliffe foi a todos os lugares e até às Colinas de Chiltern. O fato curioso é que John Wycliffe morreu pacificamente como pároco da igreja de Lutterworth (ao sul de Leicester). Visitei essa igreja. Se John pudesse vê-la hoje seu coração ficaria partido. Está mais romana do que a própria Roma. Eu mal conseguia enxergar por causa do incenso usado na liturgia formal. Ali estava o lugar onde Wycliffe havia pregado a Palavra e condenado a corrupção que havia se infiltrado na igreja.

Mas ele esteve em Oxford. E havia outra universidade da Europa que tinha uma forte ligação com Oxford: a Universidade de Praga. O reitor de Praga era um jovem camponês que, mediante seus próprios esforços, havia chegado ao cargo de reitor da Universidade de Praga. Seu nome também era John. John (Jan) Hus ouviu sobre Wycliffe e começou a ler seus livros e a pregar da mesma forma em Praga. John Hus acabou sendo preso, e o papa o condenou à morte na fogueira. E todos os seus seguidores também foram condenados à morte.

Quando chegou à Inglaterra a notícia de que John Hus havia morrido na fogueira por ordem do papa, sabe o que aconteceu? Autoridades da igreja foram a Lutterworth, desenterraram o corpo de John Wycliffe e o cremaram, lançando as cinzas no rio Swift, em Lutterworth. Alguém fez a seguinte afirmação: "Como o rio Swift leva as cinzas ao rio Avon e o rio Avon leva as cinzas ao rio Severn, e como o rio Severn leva as cinzas aos canais próximos à nossa costa, e os canais levam essas cinzas aos oceanos, assim serão os ensinamentos de John Wycliffe espalhados por todo o mundo". Uma maravilhosa profecia.

Estamos agora às portas de algo emocionante. Está sentindo a emoção? Já deve imaginar que essa situação não poderia se perpetuar. Tal abuso da igreja de Cristo não poderia ser tolerado por homens e mulheres. Eles começavam a enxergar a situação, e o que os capacitava a enxergar era a leitura da Bíblia em sua própria língua. Onde quer que a Bíblia vá, ela causa esse efeito. Ela corrige o que está errado.

Chego então ao meu último ponto: o outro elemento que levou à Reforma não foi apenas os abusos da igreja, mas sim o fato de que os homens estavam entrando em um período de descoberta e começavam a ter novas ideias.

Isso aconteceu no campo *material*. Cristóvão Colombo estava descobrindo a América; Copérnico estava descobrindo que a Terra girava ao redor do Sol, e não o contrário; Galileu olhava as estrelas aproximando do telescópio seus olhos quase cegos. Foi o início da era da ciência, do questionamento humano.

Tratava-se também de uma nova era de descobertas no campo da mente: a redescoberta da literatura e da arte grega. Nas pinturas de Rafael, você verá a redescoberta da cultura antiga, pois Constantinopla havia caído nas mãos dos turcos e os tesouros da arte grega haviam sido levados para a Itália e assim difundia-se a nova arte e o novo aprendizado.

A prensa havia sido inventada e isso contribuía para o novo aprendizado. Um dos grandes acadêmicos da época foi um homem chamado Erasmo. Entre muitas outras coisas, ele começou e redescobrir o Novo Testamento em grego e o Antigo Testamento em hebraico. Não se tratava apenas da descoberta do que era novo, mas a redescoberta do que era antigo. Então, Erasmo disse: "Vou fazer um Novo Testamento tão preciso que até mulheres, escoceses, irlandeses, turcos e sarracenos sejam capazes de entender a mensagem!" Peço as devidas desculpas, mas foi o que ele disse. Erasmo, então, produziu um Novo Testamento preciso, e em lugar da palavra "penitência" surgiu a palavra "arrependimento" e muitas traduções equivocadas foram corrigidas.

Em todo esse tremendo redescobrimento da mente, da arte e da música, da escultura, de tudo o que chamamos de Renascimento, percebeu-se também que pessoas com capacidade intelectual elevada não são necessariamente superiores moralmente. Foi a época em que os papas enchiam seu palácio com obras de arte, a era de César e de Lucrécia Borgia, a família papal mais imoral que já existiu.

O Renascimento era algo puramente mental e cultural. Não supria a necessidade causada pelo pecado. O mundo todo esperava por um homem que resgatasse a salvação, alguém que lidasse com o problema moral da raça humana e da igreja no mundo; um homem que apelasse à Bíblia e, com base em sua própria experiência de pecado e salvação, redescobrisse o segredo do poder cristão para mudar o mundo e os homens que nele vivem. Esse homem foi o monge Martinho Lutero. Ele fez a descoberta mais importante do século 16 e, ao torná-la pública, levou milhares de pessoas à verdade de Jesus Cristo. É um acontecimento extremamente dramático. O Renascimento era mental, mas a Reforma era moral. Ela lidava com o problema real, que não é a falta de conhecimento e de descobertas científicas; não é a falta de música, de arte e cultura, por mais úteis que sejam essas coisas. O que o homem realmente precisava era descobrir que lhe faltava Jesus Cristo e o evangelho da salvação.

5

A REFORMA

No dia 31 de outubro de 1517, Martinho Lutero afixou suas 95 proposições, ou teses para discussão, na porta da igreja de Wittenberg – que era usada como mural de notícias para encorajar o debate público. Essa data costuma ser celebrada como o início da Reforma. Algumas pessoas consideram a data de 1º de novembro. Aconteceu naquela noite sagrada de Halloween (o dia anterior ao Dia de Todos os Santos) ou no próprio Dia de Todos os Santos. Mas, de fato, foi em algum momento daquela semana. Para mim, uma data ainda mais importante é 15 de junho de 1520, quando Martinho Lutero acendeu uma fogueira e colocou ali: um pergaminho com a assinatura do papa, excomungando-o da igreja; um livro intitulado *Direito Canônico*, segundo o qual Lutero, como monge e padre, deveria viver; e um documento que ele agora estava ciente de que era forjado, expressando as reivindicações do papado de ser representante de Cristo na terra.

Essa fogueira foi ainda mais significativa do que as teses pregadas na porta da igreja pela razão que exponho a seguir. Nos três anos decorridos entre as duas datas, Martinho Lutero chegou à pergunta certa, que não havia feito quando afixou suas teses – na ocasião anterior, ele não estava atacando o *sistema*, mas sim o seu abuso. Em 1520, contudo, era o sistema que ele lançava naquela fogueira.

Deixe-me colocar de outra forma. Imagine que parte da população de um país comece a demonstrar insatisfação com o seu governo. Eles podem perguntar: "O problema se deve às pessoas que regem o governo ou ao sistema de governo?" Qual deles está errado? Essa é a grande pergunta que deve ser feita na igreja, não apenas na política.

Quando Martinho Lutero pregou suas teses, ele presumia que estava tudo bem com o sistema, pois uma de suas teses dizia: "Se o papa soubesse como os vendedores de indulgências esfolam seu rebanho, iria preferir que a igreja de São Pedro fosse reduzida a cinzas do que edificada com a pele e os ossos de suas ovelhas!" O pobre homem logo ficou desiludido com o próprio papa que, ao saber que o dinheiro vindo da Alemanha fora reduzido para cerca de um terço do seu valor anterior, excomungou este homem por provocar tal baque nas finanças. O papa preferia que a Basílica de São Pedro fosse construída com pele e ossos; Lutero estava enganado. Isso o levou a indagar: "É o sistema que está errado?" E ele chegou à conclusão de que estava, sim. Então, Lutero, em 1520, fez uma fogueira que representou um verdadeiro rompimento. Antes disso, ele estava tentando fazer uma faxina na igreja. Três anos depois ele começou a demoli-la. Antes, ele pensava que bastava uma reforma. Agora ele via que era preciso muito mais.

Mas devo perguntar: "A Reforma é um capítulo encerrado da história? É algo ultrapassado?" Tenho pedido a Deus uma ousadia santa para abordar essa questão de forma justa e franca. Vou começar com a franqueza. Participei, certa vez, de uma reunião de ministros e membros protestantes de uma igreja local. Acostumado a meter os pés pelas mãos, mencionei a Reforma, e fui informado de forma inequívoca de que aquilo era considerado mais do que uma gafe em tal situação. Os protestantes de hoje não se importam com a Reforma. São águas passadas e não é apropriado abordar o tema em círculos protestantes. Saí com a pulga atrás de orelha por ter ousado mencionar a Reforma entre os protestantes.

Mas tive o privilégio de visitar em Arklow, na extremidade sudeste da Irlanda, um seminário católico-romano que formava sacerdotes e falar sobre a Reforma (entre outros temas) a tutores e palestrantes daquela instituição. Eles queriam ouvir o que eu pensava a respeito e discutir o tema em um fórum aberto. Eu disse: "Creio que as questões que foram levantadas estão vivas, ainda não foram resolvidas". Eles responderam: "É exatamente o que pensamos".

Tivemos uma discussão extremamente amigável, encerrada com uma boa xícara de chá, e voltei para casa depois de três horas de discussão em grupo. Foi uma oportunidade extraordinária que eu pudesse falar sobre a Reforma a católicos, mas não possa abordar o tema com os protestantes! É também uma pista de minha resposta definitiva às perguntas "A Reforma é um capítulo encerrado da história? É algo ultrapassado?" Minha resposta resumida é que o tema não está ultrapassado! No entanto, visto que não lutamos contra pessoas, mas defendemos princípios, devemos identificar onde está a linha divisória da batalha, e podemos afirmar que a linha de frente hoje é diferente daquela dos dias de Martinho Lutero.

Devo dizer que, durante aquele período de três anos, Martinho Lutero precisava ajustar suas prioridades. E ele fez isso estabelecendo sete prioridades; sete pontos que estavam em segundo plano e ele colocou em primeiro lugar. Creio que todo cristão hoje precisa ajustar suas prioridades, assim como ele fez.

1. ELE DEFENDEU A PRIMAZIA DA *CONSCIÊNCIA* SOBRE A *AUTORIDADE*

O mundo sempre enfrentou mudanças e foi liderado por homens que colocaram a consciência antes da autoridade. O mundo não é liderado por seres invertebrados que seguem à deriva, conforme a maré. O mundo sempre foi liderado por pessoas que têm a coragem de defender suas convicções e que, quando algo está errado, ousam apontar o erro, e o fazem com clareza, justiça e amor. Martinho Lutero era essa pessoa.

É difícil para nós, que fazemos parte de uma sociedade na qual a liberdade de consciência é um valor inquestionável, entender o que é viver em um país onde essa liberdade não existe, onde você não pode crer e seguir uma religião conforme sua consciência. No entanto, talvez metade do mundo esteja vivendo hoje em tais condições – que chamamos de estado totalitário – em que o Estado reivindica total controle sobre as pessoas, sua mente e corpo. O direito de livre expressão é algo que se espera encontrar na Inglaterra do nosso século, mas precisamos nos lembrar que Martinho Lutero cresceu em um mundo no qual as pessoas não tinham permissão de pensar segundo a liberdade de sua própria consciência.

Era o começo da abertura. Mas se você quiser saber o tipo de mundo em que ele cresceu, estude a trágica história de Galileu Galilei, que, observando por seu telescópio, descobriu muitos detalhes sobre o universo. A igreja, porém, lhe disse: "Você não deve crer nisso! Não deve ensinar isso. Nós lhe diremos o que é verdade sobre o universo". Nesse mundo, não era o Estado, mas a igreja quem determinava a crença e a conduta de uma pessoa. Martinho Lutero se ergue como um gigante, pois foi um dos que afirmaram que sua consciência estaria acima de toda a autoridade imposta sobre ele. "Minha consciência é cativa à Palavra de Deus. Não posso e não me retratarei em nada, pois ir contra a consciência não é correto nem seguro. Que Deus me ajude. Amém!" Eis aqui um homem que coloca sua consciência em primeiro lugar, e o mundo ainda precisa de pessoas que sigam sua consciência acima de qualquer tipo de pressão social. Seu breve tratado sobre a liberdade cristã revela, acima de tudo, sua convicção na liberdade de uma pessoa de seguir sua própria consciência em questões de religião e fé, uma liberdade que algumas pessoas têm e não valorizam, mas da qual a maior parte da raça humana ainda não desfruta.

Até mesmo os não conformistas hoje parecem conformar-se. Somos influenciados muito facilmente. Muito facilmente colocados sob pressão. Os jovens que se opõem ao "establishment" – observe-os – conformam-se uns aos outros com extrema facilidade! O que desejamos são verdadeiros não conformistas que declarem: "Minha consciência é cativa à Palavra de Deus. Não posso e não me retratarei em nada. Ainda que pressões venham sobre mim. Farei o que é certo e o farei sem me importar com o que possam pensar, dizer ou fazer a meu respeito. Minha consciência é cativa à Palavra de Deus". Martinho Lutero colocou a consciência antes da autoridade e de qualquer outro tipo de pressão imposta sobre ele.

2. ELE DEFENDEU A PRIMAZIA DA *VERDADE* SOBRE A *UNIÃO*

A consciência é algo volúvel e pode nos levar ao engano, a menos que ela esteja em perspectiva. Martinho Lutero foi um homem que colocou a verdade antes da união. Sua consciência não estava livre para seguir qualquer capricho, desejo ou afeição extravagante de seu próprio coração. Sua consciência estava cativa. Ele afirmou: "Minha *consciência* é cativa da *Palavra de Deus*"; quando fez essa afirmação, estava priorizando a verdade sobre a união.

ONDE ESTEVE O CORPO NOS ÚLTIMOS DOIS MIL ANOS?

Você se dá conta de que, no Oeste Europeu, durante cerca de mil anos houve apenas *uma* grande denominação, uma igreja? E uma das acusações frequentes contra Martinho Lutero, nos últimos dez anos, é esta: ele foi culpado pelo crime de dividir a igreja; ele foi cismático – e uma das piores coisas que fez foi dividir a igreja de Jesus Cristo. Essa afirmação é mais frequente hoje do que em qualquer outra época. Honro Martinho Lutero por priorizar a verdade sobre a união e por afirmar que há algo mais importante do que manter a igreja unida: a *verdade*. Ele percebeu que o que salva homens e mulheres não é a união da igreja, mas a verdade do evangelho. Mesmo se amanhã todas as igrejas se unissem, o número de pessoas salvas não aumentaria. Necessário, de fato, é que a verdade do evangelho seja pregada nessas igrejas. Em outras palavras, a verdade vem antes da união.

Devo dizer, contudo, que precisamos desesperadamente disso hoje, pois a palavra de ordem é *união*! O vagão do trem – aquele que lhe tornará extremamente impopular se você não embarcar nele – é a união. É o clamor de um mundo que parece estar ficando cada vez menor graças à facilidade de locomoção e ao crescimento populacional. Sabemos que precisamos aprender a viver juntos. Por várias perspectivas, entre elas a perspectiva política e comercial, a união é o clamor da nossa era. E a igreja parece ter ecoado esse clamor: "União, união, união!"

Digo com veemência que nossos dias clamam por homens e mulheres que coloquem a verdade antes da união e digam: "Só alcançaremos a união com a verdade do evangelho". Sob esse fundamento, queremos alcançar o máximo possível de união, mas sem ele, a união não nos interessa. Essa era a posição de Martinho Lutero. Disseram a ele: "Veja bem, você vai dividir uma igreja que está unificada há mil anos. Não percebe isso? Retrate-se e deixe a igreja intacta. Se continuar com essa iniciativa, você irá fragmentá-la". Martinho Lutero, contudo, declarou-se cativo da Palavra de Deus e comprometido em colocar a verdade em primeiro lugar. A verdade do evangelho era ainda mais importante do que a união da igreja. Na minha visão, é o que precisamos hoje, quinhentos anos depois, quando há um tremendo clamor por união em detrimento da verdade. O que é a verdade? Bem, ela é a nossa terceira prioridade. Onde está a verdade? Como determinar se eu sei qual é a verdade, se você sabe qual é a verdade ou se nenhum de nós sabe qual é a verdade? Qual é a verdade sobre a qual a igreja é unificada e edificada?

3. ELE DEFENDEU A PRIMAZIA DA *BÍBLIA* SOBRE A *TRADIÇÃO*

Talvez você se surpreenda, mas Martinho Lutero tinha 20 anos de idade quando leu a Bíblia por si mesmo, embora tivesse sido criado como um membro devoto da igreja e fosse preparado para uma vida santa. Quando leu as Escrituras, descobriu para sua surpresa que muito do que lhe haviam ensinado como parte vital da fé e da conduta cristã não se encontrava naquele livro. Esmiuçou as Escrituras e pensou: "A Bíblia não fala que devemos orar à Maria nem aos santos. Não encontrei uma passagem que justificasse o uso de relíquias e imagens. Também não fala sobre o purgatório ou as penitências". Então começou a perguntar: "De onde vieram todas essas coisas?" E recebeu uma resposta oficial: "Essas práticas fazem parte das tradições da igreja e têm o mesmo valor que a Palavra de Deus, assim como as Escrituras".

Lutero viu-se diante de um dilema. Estava diante de duas "palavras" de Deus – uma escrita e a outra falada; uma bíblica e outra chamada de "tradição". Disseram a Lutero que ambas eram verdadeiras e que ele deveria aceitá-las. Martinho Lutero, no entanto, refletiu e declarou a respeito das Escrituras: "Esta é a verdade, e cada tradição de cada igreja que já existiu deve ser medida segundo essa verdade e por ela testada" – e assim, ele começou a descartar a tradição.

Somos criaturas que gostam de tradições. Nossas igrejas têm suas próprias tradições e muitas delas não são bíblicas. Toda igreja desenvolve suas próprias tradições e as transmite fielmente aos novos membros, presumindo-se que tenham sido sancionadas assim como tudo o que é feito e dito na igreja. Mas infelizmente não é assim. As tradições de determinada igreja devem sempre ser julgadas à luz da Palavra de Deus: a Bíblia tem primazia sobre a tradição. Estou certo de que nossas igrejas precisam de mudanças respaldadas pela Palavra de Deus. Essa deve ser a constituição de cada igreja que ousa autodenominar-se cristã. É pela Bíblia que testamos toda a nossa tradição.

Conheci um homem chamado Edoardo Labanchi.[1] Ele era o palestrante sobre teologia do Novo Testamento em uma faculdade de Roma que preparava a "nata" dos sacerdotes de Roma: os jesuítas. Esse homem havia sido um missionário romano no Sri Lanka, onde uma visita a uma igreja pentecostal o levou à reflexão. Ele voltou a Roma e continuou a ensinar o Novo Testamento. Mas, ao estudar as Escrituras, assim como, séculos antes, fizera Martinho Lutero (que também lecionava teologia), ele chegou à conclusão de que não poderia mais ensinar aos alunos que algumas coisas eram verdade, que eram palavra de Deus, pois elas não eram encontradas no Livro. Esse homem aprendeu algo com o que ensinava aos seus alunos e cumpriu de fato sua tarefa de preparar evangelistas em Roma para que anunciassem as boas novas em toda a Itália. A Bíblia provocou nele tal reação, que o levou a colocá-la acima da tradição. Todas as

---

[1] O testemunho de Edoardo Labanchi está no livro *Far from Rome, near to God* [Longe de Roma, perto de Deus].

nossas tradições devem ser confrontadas com a verdade da santa Palavra de Deus. Precisamos de homens que priorizem o que é certo.

O Concílio Britânico de Igrejas em Nottingham, na Inglaterra, disse certa vez: "Essa questão pode ser resolvida internamente quando a igreja estiver unida". Fiquei entusiasmado quando a União Batista, a única coligação de denominações da Inglaterra, respondeu dizendo: "Não. Devemos resolver primeiro essa questão e depois nos uniremos". Isso é colocar a verdade antes da união; isso é colocar a Bíblia antes da tradição. Jamais chegaremos a lugar algum se estivermos tentando unificar tradições. Elas são muito diferentes. Estão muito mescladas. Quando dizemos "a Bíblia em primeiro lugar" e nossas tradições em segundo, então talvez cheguemos a algum lugar.

4. ELE DEFENDEU A PRIMAZIA DA *FÉ* SOBRE AS *OBRAS*

As perguntas mais importantes a se fazer são: "Como posso ser aceito por Deus? Como obtenho perdão dos meus pecados?" Se essas questões nunca o perturbaram, como você espera apresentar-se diante de Deus? Martinho Lutero quase perdeu sua vida em uma tempestade que o fez temer a morte. Ele temia encontrar-se com Deus, pois seus pecados não estavam perdoados. Tentou desesperadamente encontrar o caminho para alcançar esse objetivo. Era uma questão real para Martinho Lutero e é uma questão real para todos, pois todos nós morreremos e depois enfrentaremos o juízo.

Como podemos ser perdoados? Quando John Tetzel começou a vender indulgências, Martinho Lutero estava certo de que esse não era o caminho e disse que não era possível comprar o perdão. Mas ele foi além e percebeu o seguinte: se não podemos comprar o perdão, então também não o merecemos.

Não creio que um cristão jamais sonharia afirmar que é possível comprar o perdão de Deus. Mas imagino quantos ainda acreditam que podem merecê-lo! Sei que há centenas de pessoas em muitas congregações que acham que isso é possível. Elas dizem: "Nunca fiz mal a quem quer que seja e sempre tentei fazer o bem a todos". E se você perguntar o porquê dessa afirmação, elas respondem que fazendo assim esperam ter conquistado seu caminho para o céu. No entanto, se você perguntar ao mundo como ser salvo e ir para o céu, o mundo dirá: "Fazendo boas obras". Se você fizesse a mesma pergunta à igreja da época de Martinho Lutero, a resposta seria: "Não, isso não basta. Duas coisas são necessárias: você precisa crer e fazer boas obras". Se tivesse perguntado a Martinho Lutero, ele teria dito: "Basta que você creia".

Havia, então, três respostas. Toda religião está sob um desses três fundamentos e o cristianismo está sob o terceiro: "Creia no Senhor Jesus e será salvo". Martinho Lutero entendeu corretamente essa prioridade – a *fé*. Não somos salvos por uma combinação de fé e boas obras e, certamente, não somos salvos pelas boas obras, porque, francamente, não há uma única pessoa no mundo que possa fazer boas obras que sejam suficientes!

Mas o manifesto da Reforma que tem base no Antigo e se repete no Novo Testamento, do qual Martinho Lutero se apropria é: "O justo viverá pela fé". Esse é o manifesto – não é por meio das boas obras, nem pela fé somada às boas obras, mas pela fé e ponto final. E o bordão em latim *sola fide*, que significa "somente pela fé", tornou-se a maior bandeira da Reforma. Somente pela fé uma pessoa crê e vai para o céu.

A essa altura, alguém dirá: "Bem, as boas obras seguramente têm o seu papel na vida cristã". Sim, é verdade, e Martinho Lutero percebeu isso e colocou da seguinte forma (não haveria forma melhor): "Somos salvos, não *pelas* boas obras, mas *para* as boas obras". Disse pouco, mas disse tudo.

Você não faz boas obras para ir para o céu, mas faz boas obras porque vai para o céu. E essa é uma forma completamente diferente de pensar. Portanto, Martinho Lutero dava valor às boas obras, mas o intuito não era conquistar o perdão, nem chegar ao céu, mas expressar a fé que havia aberto o reino dos céus, como acontece, a todos os crentes. Assim, ele ajustou sua prioridade: a fé antes das obras.

Essa questão está morta? Longe disso! Pare qualquer pessoa na rua e pergunte: "Você tem esperança de ir para o céu? Como espera chegar lá?" e vai descobrir que esse tema está tão vivo quanto na época de Lutero. Descobrirá também que a resposta do mundo é: "Fazendo boas obras. Sendo bondoso com o próximo. Ajudando os que sofrem". Nosso Senhor nos instruiu para agirmos dessa forma, mas ele não disse: "É assim que você chega ao céu". Infelizmente, em nossos dias, como acontecia no tempo de Lutero, há pregadores que afirmam que a salvação é uma combinação de fé e obras. Uma das últimas publicações da hoje extinta Baptist Press foi um livro de um teólogo afirmando apenas isto: que se pudéssemos concordar que somos salvos pela fé e pelas obras, poderíamos nos unir a Roma. No entanto, somos justificados pela fé e temos paz com Deus. Martinho Lutero acertou suas prioridades. Não somos salvos *pelas* boas obras; somos salvos *para* as boas obras.

5. ELE DEFENDEU A PRIMAZIA DA *GRAÇA* SOBRE OS *SACRAMENTOS*

Lutero foi ensinado que havia sete sacramentos (já chegaram a ser quatorze). Foi ensinado que todos precisam da graça de Deus e que se você a quiser, essa graça está embutida nos sacramentos e basta cumpri-los para recebê-la. Sustentava-se a visão de que um sacramento opera de forma automática, independentemente de quem o administra e de quem o recebe, pois a graça de Deus está presente no próprio sacramento. Havia, portanto, uma visão "mágica" de que o batismo de um bebê que não estava ciente do ato, ministrado por um sacerdote que não tinha consciência do que fazia, salvaria aquele bebê da perdição.

Além disso, acreditava-se que o pão e o vinho usados no culto cristão em determinado momento transformavam-se verdadeiramente no corpo e no sangue de Jesus, que eram então oferecidos como sacrifício, não sobre uma mesa, mas sobre um altar, por um sacerdote de Deus. Não era permitido segurar o cálice e, ao receber a hóstia, a graça de Deus entraria em sua vida automaticamente.

Martinho Lutero refletiu a respeito e decidiu que não poderia crer nisso. Ele sabia que a graça de Deus era necessária, mas nada encontrou na Bíblia que indicasse que a graça está presente nos sacramentos e estes operam automaticamente. Lutero começou a perceber que: sem fé, os sacramentos são inúteis; sem fé, não há graça; "pela graça somos salvos por meio da fé" – não por meio dos sacramentos, mas por meio da fé.

Essa ênfase e prioridade são necessárias hoje? Milhares de pessoas permanecem distantes de Cristo porque acreditam sinceramente que seu batismo as salvou e as tornou cristãs. Tais superstições e visões mágicas como aquelas mantidas na Idade Média a respeito dos sacramentos ainda sobrevivem. Conheci uma mulher que não ia às compras enquanto seu bebê não fosse batizado. Mas devo dizer: se você não participa da mesa de comunhão com fé, não desfrutará da graça encontrada no pão e no vinho. Na verdade, pior do que "não receber a graça" é receber o juízo. A graça não está embutida nos sacramentos. Ela flui como um rio, livremente, e o crente mais simples, que jamais tenha sido batizado ou participado da Ceia do Senhor, conhece a graça de Deus. De outra forma, eu deveria crer que centenas de meus amigos do Exército da Salvação nada sabem sobre a graça de Deus, pois eles não têm os sacramentos. No entanto, eu sei que eles têm a graça. Estão sempre cantando sobre ela e se alegram em saber que dela desfrutam. A graça não está embutida nos sacramentos, mas para aqueles que creem em Deus, os sacramentos têm o seu papel.

O Senhor Jesus, na verdade, nos deu apenas dois sacramentos – o batismo e a Ceia do Senhor – afirmou Martinho Lutero. Veja bem, para fazer justiça, Lutero nunca refletiu muito sobre isso para chegar à sua conclusão lógica e confundiu-se um pouco a respeito tanto do batismo quanto da Ceia do Senhor, como seus amigos mais próximos seriam obrigados a admitir. O que ele fez, contudo, foi determinar prioridades: a graça antes dos sacramentos. Encontre a graça de Deus e os sacramentos terão algum significado.

6. ELE DEFENDEU A PRIMAZIA DAS *PESSOAS* SOBRE OS *SACERDOTES*

Lutero nasceu em uma igreja com uma característica peculiar, uma pirâmide: na base estava o povo; na parte superior (seguindo uma rígida divisão) estavam os sacerdotes. Havia ali uma hierarquia, uma pirâmide de poder. O papa ocupava o topo da pirâmide. Em seguida, vinham os cardeais, os bispos, as várias ordens monásticas e, por fim, o pároco.

Até mesmo as igrejas onde prestavam culto estavam divididas em duas classes: de um lado estava o sacerdote e do outro, o povo. Em uma extremidade, eles vestiam togas romanas, hoje chamadas de sobrepelizes, embora todos os da extremidade oposta usassem roupas comuns. A divisão de classes era clara em toda a igreja: clero – leigos; sacerdotes – povo.

Observando os sacerdotes, era possível identificar essa pirâmide de poder, subindo cada vez mais alto. Martinho Lutero viu tudo isso e disse: "Vou começar de cima. Que justificativa há para que um homem esteja assim, no topo? Nenhuma". Então, desceu um pouco e disse: "Que justificativa há para os bispos? Nenhuma". Desceu um pouco mais e disse: "Sacerdotes. Que justificativa há para os sacerdotes nas Escrituras?" E a resposta foi "Nenhuma". Finalmente, ele chegou à mais extraordinária e maravilhosa redescoberta do que chamou de *sacerdócio de todos os crentes*. Ele tornou sacerdotes todas as pessoas e fez de todos os sacerdotes apenas pessoas. Lutero percebeu que, na verdade, não havia qualquer divisão entre eles. Viu que havia diferenças de função na igreja, mas ele as considerava diferenças e nada mais, como se as pessoas que exercem funções distintas fossem como os membros de um corpo, e assim ele os chamou de "ministros" – aqueles que ministram ao corpo. Mas todo crente é um sacerdote. Afirmar que não havia sacerdócio na igreja cristã, mas somente pessoas que são sacerdotes foi algo revolucionário. E embora no início da jornada, como católico-romano e professor de teologia, ele tenha ensinado a Bíblia em latim aos sacerdotes, três anos depois ele estava traduzindo esse livro e oferecendo-o às pessoas na língua alemã falada pelo povo.

Lutero era um homem do povo por hereditariedade e por seu contexto (seu pai era um mineiro pobre), mas, acima de tudo, por convicção cristã. Ele afirmou: "São as pessoas, e não os sacerdotes, que deveriam ter a Bíblia" e completou: "Darei ao povo a Bíblia na língua alemã para que uma pessoa simples, que varre a sala com uma vassoura, conheça mais a Bíblia do que os sacerdotes". Ele de fato fez isso, dando-lhes a Bíblia em sua própria língua. O desejo de Lutero era ajudar as pessoas a serem sacerdotes, algo que foi uma redescoberta da posição dos santos segundo o Novo Testamento, no qual não há sacerdotes, apenas crentes.

Esse protesto está ultrapassado? Dois terços dos que se professam cristãos no mundo ainda vivem sob o sacerdócio e sob o controle hierárquico. O protesto ainda é desesperadamente necessário. Vamos eliminar essa divisão entre clero e leigos, sacerdotes e povo. Ela não é bíblica. Somos *todos* ministros; somos *todos* membros; somos *todos* sacerdotes: *todos* nós formamos o povo. A palavra *leigo* está associada ao *povo de Deus*. Somos *todos* povo de Deus; somos *todos* o sacerdócio; e estamos *todos* em Cristo. Lutero pensava em termos de uma igreja que é composta inteiramente de pessoas, de sacerdotes, sem divisão e sem pirâmide de poder. Repito: isso é desesperadamente necessário hoje.

7. ELE DEFENDEU A PRIMAZIA DE *CRISTO* SOBRE A *IGREJA*, DA *CABEÇA* SOBRE O *CORPO*

Essa era a grande questão. Certa tarde de sábado, meu professor de história da igreja afirmou: "Na sua *opinião*, qual foi a questão mais importante da Reforma?" Eu lhe dei a seguinte resposta e ele concordou: "Foi o fato de Martinho Lutero desafiar a ideia de que Cristo e a igreja eram um". Ele desafiou a ideia de que a igreja poderia fazer pelas pessoas o que somente Cristo pode fazer. Ele desafiou a própria noção de que a igreja é Cristo e que o corpo hoje cumpre as funções da cabeça. Mas deixe-me explicar o que quero dizer.

"Preciso de um profeta que transmita de forma infalível a palavra e a verdade de Deus para mim. Quem é esse profeta? A cabeça ou o corpo?" Martinho Lutero disse: "A cabeça é meu mestre infalível", e os romanos diziam: "Não, o corpo é o mestre infalível". E isso, mais do que tudo, é o que ainda nos divide: a crença em uma igreja infalível.

Preciso de um *sacerdote* que me leve até Deus. Quem é esse sacerdote para mim? Os Reformadores diziam: "Jesus Cristo, a cabeça, é meu sacerdote e não preciso de nenhum outro para me aproximar de Deus". Ainda cremos que você pode se aproximar de Deus a qualquer momento, por meio de Jesus Cristo. Se tiver pecados para confessar, procure o seu sacerdote no céu e confesse-os a ele. Os romanos, porém, diziam: "A igreja, que é o corpo de Cristo, é o meu sacerdote e devo confessar meu pecado ao corpo".

Preciso de um rei que governe sobre mim, diga-me o que fazer e controle minha conduta. Quem é esse rei? A resposta dos protestantes é: "Meu Rei é a cabeça, que está no céu". A resposta do romano é: "O corpo de Cristo na terra é o meu rei e deve reinar".

Essa é a grande diferença. Martinho Lutero enxergou tudo isso e teve a ousadia de chamar o papado de anticristo. Mas vamos apenas entender o que ele quis dizer com isso, pois era a mais absoluta verdade. Ele não quis dizer que o papa estava *contra* Jesus. E ele, de fato, não estava. A palavra *anti* não significa "contra". Hoje tem essa conotação, mas não era assim na época. E não é assim no Novo Testamento. Seu significado é "em lugar de". Qualquer um que coloca a si mesmo no lugar de Cristo é um *anticristo*. Martinho Lutero acusou a Igreja Romana de ser anticristo nesse sentido. Ele dizia: "É Cristo a quem devemos buscar, e vocês dizem 'façam isso através de nós'. Vocês estão se colocando no lugar de Cristo. O corpo está substituindo a cabeça".

A essa altura, eles se voltaram contra Lutero com uma afirmação muito relevante. Disseram: "Ah! Mas quando a cabeça está no céu e alguém na terra deseja se aproximar dela, não precisa fazê-lo por meio do corpo? Desse modo, a cabeça do corpo na terra não seria (leia com atenção!) – o vigário de Cristo?" A palavra "vigário" significa "alguém que substitui outro, que é investido das funções de outro". "Seguramente", disseram eles, "Cristo deve transmitir o seu ensino do céu à terra. Como ele faz isso? Por meio de seu vigário, que é o sucessor papal em Roma". Martinho Lutero refletiu sobre isso e chegou a esta conclusão bíblica: "Sim, Cristo deve ter na terra um vigário para falar em seu nome, e esse vigário é o Espírito Santo. O Espírito Santo fala às pessoas em nome de Cristo".

Eu resumiria desta forma: Martinho Lutero estava praticamente afirmando algo que todos os que aceitam o Novo Testamento devem afirmar: "Meu sacerdote não será outro exceto Cristo; meu vigário não será outro exceto o Espírito Santo". Essa é a prioridade da Reforma. Cristo, a cabeça, é quem salva. Se você quer o perdão de seus pecados, eu não posso lhe dar. Tampouco pode a igreja, qualquer que seja. Você deve buscar a Jesus Cristo, o nosso sacerdote, e deve fazer isso inspirado pelo mesmo Espírito Santo que nos inspirou a todos nós.

Esse protesto é algo que pertence ao passado ou ainda é necessário hoje? Essa batalha foi vencida? Não. Então onde está a linha de frente? Hoje digo com toda a honestidade e com dor no coração que a linha de frente não está mais entre protestantes e católicos-romanos. Essa é a razão pela qual aqueles que atiram em uma única direção estão ultrapassados. Triste é que muitos protestantes tenham se enganado em suas prioridades ao longo dos últimos cem anos e a batalha hoje seja entre evangélicos de um lado e muitos protestantes e católicos-romanos do outro. Essa é a avaliação ponderada de Jacques Senarclens, professor francês, que publicou um livro intitulado *Heirs of the Reformation* [Os herdeiros da Reforma – em livre tradução] em que diz:

> Quem são os verdadeiros herdeiros de Martinho Lutero? Os protestantes de hoje? Não. Mas os evangélicos que colocam as Escrituras acima de tudo e Jesus Cristo acima de todos.

Essa é a batalha a ser travada, e será árdua. Cristo chama homens e mulheres que estejam dispostos a dizer: "Minha consciência é cativa à Palavra de Deus. Não posso e não me retratarei em nada".

Mas, para encerrar, permita-me falar sobre dois pontos. O primeiro é que nossa luta não é contra pessoas; não nos opomos a católicos-romanos, e eu não falo contra protestantes. Sou contra os "ismos"; sou contra os sistemas. Quero amar as pessoas sejam elas quem forem, como pessoas que o Senhor quer alcançar para si, como pessoas que desejam a verdade anunciada por Cristo Jesus. Sou capaz de amá-las, mas sinto ódio por sistemas que impedem que as pessoas enxerguem a verdade. Peço a Deus uma "santa" indignação, tão ousada hoje quanto foi a indignação de Martinho Lutero em seu tempo.

O segundo ponto que quero abordar, e penso que podem ser suas indagações também, é: "Por que retomar essa batalha hoje, quando as pessoas estão buscando a união das religiões? Por que debater essas questões?" Trata-se certamente de uma falácia doutrinária. Por que as pessoas não se unem? Afinal, adoramos o mesmo Deus. Por que buscar o confronto quando as pessoas desejam mais tolerância do que verdade, quando há tanta proximidade e cordialidade? Esse pensamento não é obscurantista? Não seria o mesmo que voltar à Era das Trevas? Por que lutar? Porque *esta*, e nenhuma outra, é a verdade de Deus. Esta é a razão: porque o que está em jogo é a salvação das pessoas. Se dissermos a alguém que ele ou ela só serão salvos depois do batismo, estaremos trazendo condenação. Se dissermos a alguém que, por meio das boas obras, ele ou ela chegarão ao céu, estaremos enviando essas pessoas diretamente para o inferno. E porque, embora seja agradável pensar na união de toda e qualquer visão sobre Deus, ou até a ausência dela, é no outro mundo que viveremos a eternidade, e é o Pai de Jesus Cristo que desejamos encontrar ali, e esse Deus Pai enviou seu Filho para ser sacrificado por nossos pecados a fim de ser o único sacerdote de que precisamos para nos levar finalmente ao céu, salvos por seu precioso sangue.

É esse Jesus que pregamos. A salvação de almas imortais está em jogo. Vale a pena lutar por isso? Ou você prefere conviver com a consciência de que, em nome da paz, você não impediu que pessoas usassem palavras, atos e ideologias que influenciassem centenas de outras pessoas a seguir o caminho errado, rumo a uma eternidade perdida? Essa é a questão.

Louvo a Deus por Martinho Lutero, por sua honestidade, sua coragem de levantar-se sozinho em nome do que sabia ser certo e verdadeiro; e oro a Deus para que ele levante mais homens que, em amor, declarem a verdade e digam: "Minha consciência é cativa à Palavra de Deus. Não posso e não me retratarei em nada, pois ir contra a consciência não é correto nem seguro. Portanto, eu priorizo a consciência acima da autoridade; priorizo a verdade acima da união, a Bíblia acima da tradição e a fé acima das obras; priorizo a graça acima dos sacramentos e as pessoas acima dos sacerdotes – e, na verdade, os crentes são sacerdotes – e priorizo Cristo acima da igreja, de tudo e de todos".

Essa é a verdadeira questão. Martinho Lutero defendia a supremacia de Cristo; ele ajudou as pessoas a enxergar que não havia necessidade de outros mediadores, apesar de ter se voltado a muitos deles no início de sua jornada cristã. Ele orava aos santos, três por dia, apelando a vinte e um santos diferentes por semana. Ele também orava a Maria. Chegou a fazer peregrinações e a confiar em relíquias e imagens. Até perceber que nada disso lhe trouxera a garantia do perdão de seus pecados. Posteriormente, Von Staupitz, seu mentor, lhe disse: "Martinho Lutero, se você remover todas essas coisas, que chama de muletas para uma fé vacilante, se você remover Maria e os santos, as imagens, as penitências e peregrinações, se remover tudo isso, o que colocará no lugar delas?" Lembra-se da resposta de Martinho Lutero? "Jesus Cristo. O homem precisa apenas de Jesus Cristo". E quando ecoarmos essa afirmação em alto e bom som, as pessoas serão salvas, porque seus olhos então estarão fixos nele.

6

OS REFORMADORES, OS CATÓLICOS-ROMANOS E OS RADICAIS

A Reforma iniciada por Martinho Lutero tornou-se uma revolução, pois mais e mais mudanças surgiram e várias pessoas começaram a colocá-las em prática.

Precisamos observar três grupos de pessoas. Primeiramente, os reformadores. Começamos analisando Martinho Lutero, mas ele não foi o único. Em segundo lugar, precisamos questionar o que os católicos-romanos estavam fazendo durante todo esse tempo. Como eles reagiram ao que estava acontecendo na Alemanha? E terceiro, quero analisar um grupo que tem sido chamado de "radical".

OS REFORMADORES
Vamos observar os reformadores em três países diferentes: Alemanha, Suíça e Inglaterra, e indagar a respeito de cada país: quantas mudanças ocorreram e quem as promoveu.

A REFORMA NA ALEMANHA
Quem promoveu as mudanças? Como vimos, foi Martinho Lutero. Que mudanças ele promoveu? A resposta é que, durante os primeiros quatro ou cinco anos das revolucionárias descobertas de Martinho Lutero, ele promoveu muitas

mudanças. Eliminou a noção do sacerdócio especial do papa e bispos, as indulgências e a doutrina do purgatório. Descartou uma série de coisas e reduziu os sacramentos de sete para dois.

Veio então a crise, durante a qual ele precisou esconder-se no castelo de Wartburg. Quando deixou seu esconderijo, descobriu para seu espanto que alguns de seus amigos, com muita rapidez, haviam ampliado as mudanças para além do que ele pretendia. A verdade é que, a certa altura, Martinho Lutero deixou de promover mudanças. Desse modo, preservou muitos elementos usados pelos romanos. Por exemplo: ele manteve as velas no altar, algo comum no catolicismo romano, mas que certamente não está na Bíblia; manteve os crucifixos, como ainda hoje é possível observar em igrejas luteranas; e manteve imagens e quadros. Acima de tudo, ele preservou sua própria prática tradicional em relação à Ceia do Senhor e ao batismo; de alguma forma, ele ainda acreditava que o pão e o vinho eram verdadeiramente o corpo e o sangue de Cristo. Ele nunca resolveu essa questão. Manteve a prática do batismo de crianças, e quando lhe perguntavam: "A fé certamente é necessária no batismo?", sua resposta era: "Quem pode afirmar que o bebê não tem fé?"

Podemos ver que Martinho Lutero, tendo promovido, inicialmente, um número expressivo de mudanças, colocou o pé no freio e deixou de fazê-las, e a Igreja Luterana, de forma geral, encontra-se hoje no ponto em que ele parou. Por essa razão, ela ainda mantém muitas práticas que nos surpreenderiam se considerarmos que os luteranos estão incluídos entre os protestantes.

Eu tentei responder à segunda pergunta – "Que mudanças ele promoveu?"

Mas se expandirmos a resposta à primeira, "Quem promoveu as mudanças?", chegaremos a uma conclusão bastante surpreendente. Lutero conseguiu fazer com que os príncipes conduzissem as mudanças. Em outras palavras, foram mudanças promovidas pelo Estado.

O luteranismo, assim como o romanismo, foi estabelecido como religião oficial e, desde o início, Lutero confiou aos príncipes, duques e, particularmente, a um homem chamado Frederick, o Eleitor da Saxônia, a tarefa de promover a Reforma de cima para baixo. Os que governavam a região também eram vistos por Lutero como regentes da igreja. Como resultado, foi decidido, na conhecida Dieta (conselho) de Espira, que cada região adotaria a religião de seu príncipe. Quem morasse em uma área onde o príncipe fosse católico-romano, deveria ser católico-romano.

Percebe a falha aqui? Consegue ver em que ponto a Reforma foi interrompida na Alemanha? Ela foi interrompida quando nem tudo estava mudado; foi interrompida no ponto em que, em vez de permitir que os outros tivessem suas consciências tão livres quanto a de Martinho Lutero, decidiu-se que certas áreas da Alemanha seriam protestantes e outras, católico-romanas.

Curiosamente, um grupo de pessoas se opôs veementemente e protestou contra essa divisão e contra a imposição de religiões conforme o lugar em que estivessem, daí a origem da palavra "protestante".

O Estado resolveria a questão da religião e, como resultado, no início do século 17, os Estados católico-romanos se reuniram e entraram em guerra contra uma coalizão de Estados protestantes, o que ficou conhecido genericamente como a Guerra dos Trinta Anos. Esse costuma ser o "desfecho" desse tipo de erro. Cedo ou tarde haverá guerras religiosas.

Isso foi o que aconteceu na Alemanha. O padrão da Alemanha propagou-se na Dinamarca, Suécia e Noruega.

Todos esses países e seus cidadãos adotaram o luteranismo como religião estatal.

A REFORMA NA SUÍÇA

Martinho Lutero não começou a Reforma na Suíça, sequer contribuiu com ela. A Reforma naquele país teve origem própria, com dois homens atuando como seus personagens principais. Um deles era suíço-alemão e o outro era francês. O suíço-alemão era Ulrico Zuínglio, um simples pároco católico-romano em um pequeno vilarejo na região alemã da Suíça. Ele tornou-se protestante ao ler o Novo Testamento em grego. Aconteceu com ele exatamente o mesmo que aconteceria a Martinho Lutero. Lendo o Novo Testamento, Zuínglio percebeu que muito do que ensinava do púlpito não era verdadeiro. Curioso é que Zuínglio foi convidado para ser sacerdote da Catedral de Zurique. Se algum dia você for a Zurique, visite essa catedral. Zuínglio levantou-se e pregou a nova verdade que havia encontrado no Livro. Ele influenciou toda a cidade de Zurique. Entre outras coisas, ele disse que era errado que o papa tivesse uma guarda real e ela fosse formada por soldados mercenários suíços. Se você for ao Vaticano hoje, verá que os soldados suíços continuam guardando o vaticano; Zuínglio falava contra isso e muitas outras coisas. Ele finalmente abandonou sua submissão ao papa e se casou. Esses dois passos parecem estar associados. Muitos sacerdotes o seguiram.

Ele finalmente persuadiu o conselho municipal (veja bem) a declarar que todos em Zurique deveriam agora ser protestantes. Mais uma vez, um erro terrível foi cometido, mas eles foram adiante e tornaram-se oficialmente protestantes.

Todos os moradores da região dos vales, ao redor de Zurique, tornaram-se protestantes. O mesmo, porém, não aconteceu aos que viviam nas montanhas e florestas, e logo começaram os conflitos entre os habitantes dos vales e os das montanhas. A guerra, que se prolongou por dois anos, foi travada no distrito de Zurique, e o próprio Zuínglio se envolveu e foi morto na pequena comuna de Kappel.

Mais uma vez, repete-se o padrão: envolver o Estado e solicitar à autoridade secular a imposição de suas visões religiosas a uma região acaba resultando em guerra.

Antes de morrer, Zuínglio teve uma grande discussão com Lutero a respeito da Ceia do Senhor. Segundo Lutero, o pão e o vinho *são*, de fato, o corpo e o sangue de Jesus, ao passo que Zuínglio dizia: "São apenas pão e vinho – símbolos de seu corpo e do seu sangue". Tenho a impressão de que foi por essa razão que os alemães e os suíços nunca se uniram na Reforma.

A história segue, então, para a França, e nos apresenta a um jovem chamado João Calvino, nascido na Picardia, filho de um advogado. Por determinação de seu pai, ele formou-se em direito pelas universidades de Paris, Orleans e Bourges. Ali, Calvino desenvolveu seu pensamento lógico. Seu discurso, sua clareza de pensamento e seus argumentos devastadores são provas de que ele permaneceu advogando até o dia da sua morte. Foram os argumentos de Calvino que persuadiram muitas pessoas a se tornarem os chamados "calvinistas". Ele foi a Paris, estudou o Novo Testamento grego e converteu-se em 1532.

Quantos cristãos hoje estudam o Novo Testamento em grego? Conheci o membro de uma igreja, trabalhador braçal, que aprendeu grego por conta própria para que pudesse ler o Novo Testamento na língua original. Certa igreja que teve seu início no século passado não o receberia como membro se você não fosse capaz de ler o Novo Testamento em grego. Interessante, não é? É o que recomendo a você. Lutero, Zuínglio e agora João Calvino se converteram lendo o Novo Testamento em grego.

Poucos meses depois [de sua conversão], ele foi preso em Paris por causa de suas visões cristãs. Quando foi finalmente liberado da prisão, viajou a diversos lugares como exilado. Chegou à cidade suíça da Basileia, aos 26 anos de idade, e ali decidiu registrar os princípios de sua fé cristã em *As Institutas da Religião Cristã*, uma obra de mais de mil páginas, ainda hoje aclamada com uma das melhores exposições da fé protestante em todo o mundo. É bom lembrar que certas afirmações de Calvino causarão espanto, como sua visão a respeito do domingo: ele defendia ir à igreja na manhã de domingo e jogar boliche à tarde. O próprio João Calvino fazia isso, e a ele devemos o "domingo continental" como tem sido chamado. Uma perspectiva interessante de Calvino para você! Suas declarações, contudo, são muito mais importantes e profundas.

Acima de tudo, Calvino acreditava que Deus ocupava o trono. Ele acreditava na soberania de Deus e que a vontade divina é o fator decisivo na história das nações e dos homens, e foi graças a essa tremenda ênfase lógica na soberania divina e na doutrina da predestinação que as pessoas que pensam dessa forma passaram a ser chamadas de calvinistas. Calvino, Martinho Lutero, Zuínglio e todos os reformadores acreditavam que Deus está assentado no trono e tem absoluto controle sobre tudo e todos. É uma obra poderosa para um autor de 26 anos de idade que influenciou o curso da história.

João Calvino ainda era um exilado, indo de um lugar a outro, quando certo dia, tentando retornar à França, pegou um desvio para evitar um pequeno confronto na estrada e, ao perceber que não conseguiria chegar ao seu destino antes do anoitecer, pernoitou numa pousada local. O lugar era Genebra, onde permaneceria pelos vinte anos seguintes, lugar que veio a tornar-se o centro do presbiterianismo para todo o mundo. É uma história extraordinária. Logo se espalhou a notícia de que João Calvino, o jovem autor desses livros, estava em Genebra; o sacerdote e pároco local, um bom homem chamado William Farel, apressou-se até a pousada e lhe disse: "Calvino, quero que você fique aqui. Há um ano, o conselho da cidade decidiu que Genebra deveria ser protestante". Aliás, observe que o padrão se repete. Farel continuou: "Simplesmente não deu certo. Eles continuam embebedando-se e jogando como sempre. Nada aconteceu. As pessoas não estão mudando, então precisamos de alguém como você, João Calvino. Precisamos de você – fique aqui", implorou. João Calvino decidiu ficar.

E assim, João Calvino tornou-se o reformador de Genebra. Lembre-se que ele era muito rígido. Não aceitaria brincadeiras. Levava um homem diante da igreja e o entregava aos magistrados por ter feito isso ou aquilo, mas cuidou daquela cidade até que ela se tornasse uma cidade com moradores de conduta exemplar. Uso o termo "cidade", mas devemos ter a ideia certa da população das cidades naquela época – 13 mil em Genebra – mas com disciplina rígida, ele limpou a cidade e tornou-se tão impopular que, três anos depois, foi obrigado a fugir para salvar sua vida. João Calvino foi para Estrasburgo, mas após sua partida, Genebra entrou em colapso; as coisas iam de mal a pior, então uma delegação do conselho da cidade foi enviada para pedir o retorno de João Calvino, que aceitou.

Ele trabalhou na ampliação dos princípios da Reforma. Foi muito, muito além das mudanças inicialmente propostas. Por exemplo, não seriam aceitos crucifixos, velas e (ouso dizer) nem órgãos. Segundo Calvino, as pessoas deveriam cantar. Ele expandiu em muito as mudanças feitas por Martinho Lutero. Também instituiu o que hoje é conhecido como o sistema presbiteriano de governo eclesiástico, no qual a igreja é governada por grupos formados por leigos, pastores e presbíteros, e essas sociedades locais se reuniam em assembleias representativas e supervisionavam regiões que abrangiam mais igrejas.

Genebra tornou-se o local onde os protestantes buscavam refúgio, e aproximadamente seis mil pessoas que fugiam da perseguição vieram residir naquele local e, obviamente, assimilaram as ideias de Calvino. Quando era seguro retornar para seus próprios países, elas levavam consigo os princípios de fé de Calvino, além de suas ideias de como administrar a igreja, mas Calvino cometeu o mesmo erro de associar a igreja e o Estado. O conflito resultante não foi em Genebra, mas em outro lugar.

Genebra acabou influenciando a França, e os protestantes locais passaram a se assemelhar mais a Calvino do que a Lutero, da Alemanha. Os protestantes franceses ficaram conhecidos como huguenotes e cresceram rapidamente em número. Se você conhece a história, deve lembrar-se do terrível incidente no dia de São Bartolomeu, em 24 de agosto de 1572, quando 22 mil huguenotes franceses foram assassinados, dois mil deles apenas em Paris. Por toda a França, eles foram perseguidos e mortos, e muitos dos sobreviventes fugiram para a Inglaterra e para a Holanda.

A REFORMA NA ESCÓCIA

O país mais fortemente influenciado por Genebra foi a Escócia. Quatro grandes reformadores escoceses devem ser mencionados. Patrick Hamilton começou a Reforma ao norte da fronteira. Foi morto na fogueira em 1528, mas George Wishart, que estivera na Suíça, deu continuidade à sua obra. Wishart também logo teve um final sombrio. Mas o homem que realmente realizou o trabalho foi John Knox. Esse homem de caráter bastante peculiar estudou na Universidade de Glasgow e foi capelão do exército escocês no castelo de St. Andrew. Os franceses tomaram o castelo, levaram John Knox prisioneiro e o venderam como escravo de galés. Lá estava John Knox, remando nas galés, quando os ingleses o resgataram; Knox foi para a Inglaterra, teve conflitos com a rainha Mary, fugiu para o continente e, em seguida, para Genebra – ao encontro de João Calvino.

Knox era um jovem maduro o suficiente para abraçar todas essas visões e retornou ao seu país, a Escócia, dizendo: "Senhor, dá-me a Escócia ou morrerei". O Senhor lhe deu a Escócia, e John Knox começou sua obra. Em 1559, infelizmente, ele persuadiu o Parlamento escocês a tornar-se protestante. Sua primeira assembleia foi realizada em 1560, mas em 1561, a bela e astuta Mary, rainha dos escoceses, voltou e, com sua beleza e astúcia, conseguiu persuadir a maioria dos nobres protestantes da Escócia – lá estavam eles, cara a cara: John Knox e Mary, a rainha dos escoceses. É um episódio muito dramático; se você aprecia história, procure conhecê-la.

Mesmo assim, após uma guerra civil em que Mary, rainha dos escoceses, foi capturada, abdicou em favor de seu filho James e acabou sendo decapitada por traição a mando de Elizabeth I da Inglaterra, o ensinamento de John Knox ganhou terreno e a Escócia tornou-se presbiteriana.

A Igreja da Escócia reflete a Igreja de Genebra, enquanto a Igreja Anglicana está muito mais próxima da Igreja Luterana. A Igreja da Escócia deve tudo a John Knox. Após a sua morte, a liderança ficou nas mãos do último grande escocês que gostaria de mencionar: Andrew Melville, que disse ao rei James: "Senhor, há dois reis e dois reinos na Escócia. O rei James, de quem sou um súdito leal, e o Senhor Jesus Cristo, que tem como súditos James e todos os que estão em sua igreja".

A REFORMA NA INGLATERRA

A Reforma na Inglaterra surgiu com uma típica concessão inglesa. Damos um jeito na situação e dizemos:

"Está bom assim". Não agimos com base em princípios, somos terrivelmente pragmáticos, dizendo "Isso dá certo?" e "Se der certo, tudo bem".

Começou, é claro, com Henrique VIII e o seu desejo de se casar com outra mulher. Saiba que esse episódio tem sido muito incompreendido e mal interpretado. Quero lhe apresentar os fatos: Henrique VIII foi forçado a casar-se com Catarina de Aragão, um matrimônio ilegal, pois ela era viúva de seu irmão. Ele jamais deveria ter se casado com ela. No entanto, por razões políticas, várias pessoas o pressionaram a fazê-lo, entre elas o papa, que lhe concedeu uma permissão especial. Todos os filhos de Catarina foram natimortos, exceto uma – a pequena Maria, que mais tarde ficou conhecida como a infame Maria Sanguinária. Henrique não tinha um filho que desse continuidade à linhagem Tudor e sabia que, por essa razão, sua morte daria origem a uma guerra civil. O povo da Inglaterra, em sua maioria, entendia a ausência de filhos como um sinal de que o juízo de Deus estava sobre esse casamento ilegal que o rei Henrique jamais deveria ter aceitado. Esse é o pano de fundo.

Henrique, então, apaixonou-se de fato por Ana Bolena, que teria sido uma boa rainha e uma esposa segundo as leis. Percebe o emaranhado? Não estou tentando justificar os atos de Henrique VIII, apenas apresentar os fatos. Ele solicitou ao papa a anulação de seu primeiro (e ilegal) casamento, mas a situação havia mudado, e o papa, por razões políticas, disse: "Não, você não pode ter um divórcio ou anulação especial com base no seu casamento ilegal com essa mulher". Henrique VIII, então, respondeu: "Tudo bem. De agora em diante, não obedeço mais ao papa". Passo a passo, Henrique foi promovendo uma separação entre a Igreja Anglicana e o papa, assim como o Canal da Mancha separa a Inglaterra do continente. Por exemplo, ele se autodenominou "cabeça da igreja". Um passo extraordinário se considerarmos que Henrique VIII era praticamente um teólogo. Em sua juventude, ele havia escrito um livro contra Martinho Lutero, e o papa entusiasmou-se tanto com essa obra que defendia os sete sacramentos de Roma que concedeu a Henrique o título de "Defensor da Fé", que até hoje é atribuído ao soberano ou soberana da Inglaterra e está cunhado nas moedas que estão no bolso dos ingleses.

Henrique casou-se com Ana Bolena, especialmente depois de ter colocado no Arcebispado de Cantuária seu amigo Thomas Cranmer, que disse: "Vou anular seu primeiro casamento porque estou convencido de que é ilegal. Você pode casar-se com Ana Bolena", e celebrou o matrimônio secretamente. Henrique se autodenominou cabeça da igreja e assim tomou posse dos ricos monastérios da Inglaterra e vendeu suas terras, criando assim, pela primeira vez, a classe média da Inglaterra, fato que, desde então, afetou a vida em sociedade.

Henrique fez muito mais, mas o ponto que eu gostaria de frisar é que ele não queria que a Inglaterra fosse protestante. Seu desejo era que tudo continuasse como estava – exceto pelos monastérios – pois, sua lealdade ao papa era bastante sólida. Ele queria que a Igreja Anglicana seguisse exatamente como antes, a não ser pelo fato de que, agora, ele mesmo seria o papa. Esse era basicamente seu desejo, mas surgiram fatores que não estavam no seu plano. Ele não contava com o fato de que William Tyndale estava trabalhando dedicadamente na tradução da Bíblia para a língua inglesa. Tyndale foi perseguido por toda a Inglaterra e obrigado a fugir para o continente, onde finalmente morreu na fogueira, mas nos deixou a Bíblia em inglês. Durante o reinado de Henrique VIII, uma cópia foi colocada em cada igreja na Inglaterra; pela primeira vez, as pessoas tiveram acesso à leitura bíblica. Você percebe que a oportunidade de ler a Bíblia sempre liberta as pessoas e promove mudanças notáveis? Foi William Tyndale quem afirmou que, pela graça de Deus, ele faria com que o jovem que manejava o arado na Inglaterra soubesse mais da Bíblia do que o próprio papa! Foi precisamente o que começou a acontecer; assim a Bíblia começou a ser lida.

Henrique não contava também com a influência de homens como Thomas Cranmer, que, em seu coração, já se identificava com as ideias protestantes. Ele não contava com muitas outras pessoas.

Além disso, havia um ressentimento generalizado de que o papa ainda extorquia dinheiro da Inglaterra – os tributos e outras "anuidades" que eram chamadas de "óbolo de São Pedro". Ele não contava com homens como Thomas Cranmer e Latimer.

Temendo a velocidade da mudança, Henrique executou romanos e reformadores no final de seu reinado e morreu deixando a Inglaterra em efervescência; mas deixou no trono um menino de nove anos (Edward VI), um pequeno cristão muito sério, mesmo nessa idade; um menino que foi profundamente influenciado por Thomas Cranmer, arcebispo da Cantuária. Edward concordava com as mudanças na Inglaterra. Seu breve reinado foi marcado por acontecimentos importantes: primeiro, o clero foi autorizado a se casar; segundo, a Ceia do Senhor na Igreja Anglicana assumiu um caráter protestante e o "altar" passou a ser chamado de "mesa"; terceiro, e ainda mais importante, pela primeira vez os cultos passaram a ser realizados em inglês e não em latim, e o "Livro de Oração Comum" foi elaborado – um livro para ser usado por todos, não apenas pelo padre conhecedor de latim; um livro de oração comum para que pessoas comuns pudessem orar.

Esse livro, após a segunda revisão, tornou-se o Livro de Oração Comum [livro oficial de preces da Igreja Anglicana]. Ainda está em uso e praticamente não teve alterações, embora a Igreja Anglicana do século 20 tenha começado a realizar cultos pós-reforma ou reformados. É um livro maravilhoso, cheio de devoção bíblica.

Uma das regras introduzidas sob o reinado de Edward VI foi que todo sacerdote deve pregar pelo menos quatro vezes por ano! Podemos ver, assim, um pouco da Igreja Anglicana naquela época.

Além disso, sob a batuta de Cranmer, alguns dos chamados Artigos da Religião começaram a ser redigidos. Chegaram a 42, mas esse número foi posteriormente reduzido para 39. Os artigos definiram o tom protestante da Igreja Anglicana.

Durante o reinado de Edward VI, com o retorno dos exilados que estavam na Europa, chegou a Cambridge, minha antiga universidade, Martin Bucer, um conhecido professor de teologia de Estrasburgo, que ensinava aos alunos a perspectiva protestante do evangelho de Cristo.

Com a morte do jovem rei, o trono foi ocupado por sua meia-irmã, Maria, filha de mãe espanhola. Meio-espanhola de sangue e cem por cento espanhola em pensamento, Maria casou-se com Filipe da Espanha e, além de passar a maior parte do tempo fora do país, estava determinada a levar a Inglaterra de volta a Roma. Os 1.200 clérigos que haviam se casado perderam o emprego, o pêndulo oscilou para trás [houve um verdadeiro retrocesso] e a Câmara dos Lordes e a Câmara dos Comuns foram obrigadas a se ajoelhar diante do cardeal Pole, enviado de Roma para formalizar o retorno da Inglaterra ao rebanho da Sé Papal.

Durante o reinado da rainha Maria, aproximadamente 300 grandes homens e mulheres cristãos foram mortos, o que lhe valeu o terrível, porém merecido apelido de "Maria Sanguinária". Quando viajo pela Inglaterra posso ver traços desse período. Na rua principal de Oxford, próximo ao Balliol College, há um memorial a dois homens, Latimer e Ridley, queimados na fogueira durante o reinado de Maria por causa de sua fé protestante. Talvez você se lembre das palavras de Latimer a Ridley: "Tenha bom ânimo, mestre Ridley, e não demonstre medo. Pela graça de Deus acenderemos neste dia uma luz na Inglaterra; creio que essa luz jamais se apagará". Se você for a Oxford, admire esse monumento e pense nessas duas pessoas.

Durante o reinado de Maria, Thomas Cranmer, arcebispo de Cantuária, sob grande pressão, assinou o documento em que renegava as mudanças que havia promovido. No entanto, não é possível mudar assim facilmente e, em seu coração, ele sabia que havia errado e logo foi condenado a morrer na fogueira. Quando chegou o momento em que seria amarrado ao mastro, Cranmer revelou publicamente seu profundo remorso por ter renegado sua posição protestante, estendeu o braço que havia assinado aquele documento e o mergulhou nas chamas até que se transformasse em cinzas. E disse: "A mão que assinou tal documento deve ser queimada primeiro". O bispo de Gloucester, John Hooper, foi queimado vivo, e muitos outros morreram na fogueira. Talvez você tenha ouvido sobre as fogueiras de Smithfield. Quatro bispos, um arcebispo e muitos outros renomados pregadores foram levados à morte durante o reinado de Maria.

É possível imaginar o suspiro geral de alívio quando Elizabeth I subiu ao trono. Obviamente, aos olhos do papa e de muitos outros, ela era uma filha ilegítima. O papa dizia que Mary, rainha dos escoceses, era, por direito, a herdeira do trono.

O reinado de Elizabeth I marcou o fim da perseguição e o retorno massivo de exilados à Inglaterra. Nesse período também surgiu o clássico imbróglio inglês, que chamamos de Igreja Anglicana. Veja bem, Elizabeth não gostava dos escoceses. Não gostava de John Knox. Não gostava de Genebra. Elizabeth gostava de cultos ornamentados. Gostava de vestimentas e rituais, portanto não estava feliz em perder tudo isso. Ela considerava o segundo Livro de Oração Comum de Edward excessivamente protestante e fez uma série de mudanças, deixando-o, novamente, mais próximo ao posicionamento de Roma; eliminou a prática do encontro de clérigos para o estudo da Bíblia, algo que fazia tremendo bem ao país. Elizabeth, contudo, não gostava que os clérigos estudassem a Bíblia.

Apesar de seus esforços, ela não conseguiu mover o pêndulo para trás, como Maria havia tentado, e o "establishment" elisabetano chegou a um tipo de meio-termo. A coexistência de evangélicos e anglo-católicos na Igreja Anglicana de hoje teve início no reinado de Elizabeth I, pois, ao optar pelo meio-termo imposto pelo Parlamento, ela deixou a porta aberta para esse tipo de fusão. A fusão existente em uma igreja deve-se a uma confusão em seus fundamentos e foi Elizabeth I quem a promoveu.

O Livro de Oração Comum ainda é predominantemente (mas não completamente) protestante, e os 39 artigos que foram finalmente redigidos no reinado de Elizabeth I são uma maravilhosa declaração da fé protestante. Qualquer pastor que pregue sobre os 39 artigos estará pregando o evangelho. Infelizmente, nem todos fazem isso, mas está tudo ali no livro, com protestantismo suficiente para que haja uma Igreja Anglicana totalmente evangélica e protestante. Encontramos ali também a possibilidade de outra igreja, que veio posteriormente.

A rainha Elizabeth I morreu impopular, embora tenha recuperado sua popularidade quando Filipe II, da Espanha, enfurecido com a execução de Mary, rainha dos escoceses, disse: "Vamos invadir a Inglaterra e levá-la à força de volta ao papa". Ele enviou uma armada: 160 navios, 30 mil soldados do "comando da marinha", e manteve um exército concentrado para cruzar o Canal da Mancha assim que a invasão acontecesse. A Inglaterra estava em apuros.

A nação não tinha amigos. O poder concentrado da Europa parecia vir em sua direção. A armada cruzou o canal. Do outro lado, as tropas do exército de Filipe esperavam, e a Inglaterra aparentemente sairia derrotada, mas ela tinha Sir Francis Drake. A história conta como a armada espanhola foi derrotada pela capacidade náutica superior da Inglaterra e como até Deus pareceu lutar a favor da Inglaterra naquele dia, pois os ventos eram fortes demais para os navios galeões espanhóis de difícil manejo, e eles naufragaram. Os galeões naufragaram na costa da Inglaterra e da Escócia, cujos destroços ainda hoje são procurados por mergulhadores.

Curiosamente, graças a essa armada, eu também tenho sangue espanhol, pois um galeão naufragou na costa do norte da Escócia e os sobreviventes, de nome St. Clair, desembarcaram ali. Casaram-se com jovens locais, estabeleceram-se e tornaram-se o clã de Sinclair. Minha mãe é uma Sinclair. Talvez isso explique meu entusiasmo em certas ocasiões!

Já analisamos os reformadores na Alemanha, na Suíça, na Escócia e na Inglaterra. Em nenhum desses lugares, a Reforma foi realmente conduzida à sua conclusão lógica. Em nenhum desses lugares, o objetivo de resgatar a igreja do Novo Testamento foi alcançado. Em todos os lugares, havia uma proximidade excessiva entre a igreja e o Estado. Ou o Estado controlava a igreja ou a igreja controlava o Estado, mas em todos os lugares, o resultado foi uma religião imposta sobre uma região. Toda a região havia se tornado protestante e todos os que estavam ali também deveriam mudar.

A meu ver, esse não era o ensino do Novo Testamento e foi o erro fatal. Em praticamente todos os casos, essa postura resultou em guerra, e não há nada mais terrível do que batalhas travadas em nome da religião. Há algo mais trágico do que pessoas lutando e matando umas às outras em nome de Cristo ou do cristianismo? Sabemos hoje que é absolutamente errado fazê-lo, mas quando um Estado tenta impor a religião, cedo ou tarde surge o tipo de problema que resulta em guerra.

O QUE OS CATÓLICOS-ROMANOS ESTAVAM FAZENDO DURANTE ESSE TEMPO?

Por volta de 1580, sessenta anos depois de Lutero, o protestantismo havia se espalhado por quase toda a Alemanha até a Dinamarca, Noruega, Suécia, boa parte da França e até a Inglaterra; mas a Irlanda, Espanha, Itália, Áustria e partes da Suíça e da Alemanha ainda eram católicas. Curioso é que tudo isso tenha acontecido ao longo de sessenta anos e que, pelos trezentos anos seguintes, as fronteiras tenham permanecido praticamente as mesmas.

Devemos perguntar por que o protestantismo se espalhou tão rapidamente em sessenta anos e chegou ao limite em que permaneceu até o século 20. A resposta está no movimento que surgiu entre os romanos, denominado "Contrarreforma". O catolicismo havia sido atacado e sua influência em metade da Europa, roubada; Roma não aceitaria isso de braços cruzados. Três acontecimentos originaram uma enxurrada de incidentes e definiram os limites.

O que aconteceu? Um católico-romano chamado Inácio de Loyola era um nobre espanhol que, por ter sido gravemente ferido na guerra, ficou por alguns meses em um leito hospitalar com a perna imobilizada. Durante esse período, teve visões e seu coração foi transformado. Tornou-se um católico-romano devoto e acreditava que seu chamado na vida era impedir a difusão do protestantismo e, para fazê-lo, precisaria do exército católico-romano, mas um exército que lutasse de maneira diferente dos outros exércitos. Eu poderia até chamar seu exército de "exército da salvação de Roma". Ele foi a Paris e reuniu um grupo de homens e algumas senhoras da nobreza e iniciou a "A Sociedade de Jesus", conhecida popularmente como "Os Jesuítas". Inácio de Loyola entendia que a tarefa desse grupo era preservar a influência de Roma na Europa e impedir a propagação do protestantismo; eu diria francamente que ele alcançou seu objetivo. Reuniu centenas de pessoas e as submeteu à mais rigorosa disciplina militar que se pode imaginar, explanadas em um livro intitulado *Exercícios Espirituais*. São 25 dias, nos quais você se exercita arduamente praticando o jejum, buscando visões e muitas outras coisas. Ao final, você está pronto para ser um jesuíta, um seguidor de Inácio de Loyola.

Além disso, eles estavam preparados para usar quaisquer meios e diziam: "Contanto que você mantenha alguém fiel a Roma, pode fazer uso de tudo o que considerar cabível". É por essa razão que a palavra "jesuíta" também significa "pessoa dissimulada e falsa, hipócrita", que acredita que os fins justificam os meios, que vale tudo para alcançar um objetivo. Os jesuítas começaram a agir de forma tão perversa que o papa precisou deter a Ordem. Mesmo assim, havia homens bons entre eles. Um dos personagens marcantes nesse "exército de Roma" era um homem chamado Francisco Xavier, que levou ao catolicismo 700 mil pessoas na Índia, nas Índias Orientais e no Japão.

Esse foi o primeiro acontecimento em Roma – um exército de homens dedicados e disciplinados que estavam determinados a "deter a podridão", segundo seu ponto de vista.

Em segundo lugar, o papa, percebendo que havia muitos pontos a serem discutidos, convocou o Concílio de Trento, que se reuniu 25 vezes entre os anos 1545 e 1563. A princípio, o papa pensou em convidar os protestantes para discutir as diferenças e ver se elas não poderiam ser sanadas. Ele foi persuadido por seus cardeais a não convidar os protestantes e o encontro nunca aconteceu. Se eles tivessem vindo, a história talvez fosse diferente.

O Concílio tornou-se extremamente reacionário. Lançou a maldição de Deus sobre o ensino protestante dizendo que qualquer pessoa que cresse na justificação somente pela fé teria sobre si o anátema. Então, em uma série de afirmações, determinou os seguintes pontos: há sete sacramentos, não apenas dois, e eles são necessários para a salvação; a tradição deve ser colocada ao lado da Bíblia como palavra de Deus; os livros apócrifos devem fazer parte da Bíblia; o purgatório existe; as indulgências e as relíquias são uma prática de devoção; e o papa tem absoluta autoridade.

Era a primeira vez que essas afirmações eram expressamente feitas pela Igreja Romana. Digo com franqueza, amor e sinceridade: não houve mudanças em nenhuma dessas afirmações. Na verdade, não pode haver mudanças se você acredita que os concílios são infalíveis – como seria possível negá-las agora? Posteriormente, o segundo Concílio do Vaticano eliminou alguns pontos, alterou algumas coisas e expandiu outras, mas nenhum dos pontos que acabei de mencionar sofreu qualquer mudança. Essa Declaração de Roma tinha o objetivo de informar aos católicos-romanos o que eles realmente acreditavam, capacitando-os a responder às críticas protestantes.

Em terceiro lugar, a Inquisição foi revivida; tortura, prisão e morte foram instrumentos usados para exterminar todos os protestantes da Espanha e a maior parte dos que estavam na Itália e em outras regiões, como a Áustria. O resultado é que, até hoje, os cristãos, como os conhecemos, são uma pequena minoria naquelas terras.

A Inquisição, o Concílio de Trento e Inácio de Loyola, com seu exército de leigos e sacerdotes católicos, os jesuítas extremamente disciplinados e dedicados, impediram o avanço do protestantismo por volta do final do século 16. As regiões da Europa que eram católicas no final daquele século permaneceram predominantemente católicas, enquanto as regiões protestantes permaneceram predominantemente protestantes. Não é estranho?

OS RADICAIS

Os radicais receberam esse nome porque eram a extrema esquerda da Reforma. São também chamados de "afilhados" e de "ala esquerda" da Reforma. Mas quem eram eles?

Eram pessoas que começaram a fazer a pergunta mais fundamental de todas: "Quem deveria estar conduzindo a Reforma? Quem deveria estar promovendo as mudanças?"

Chegaram à conclusão que nenhum romano ou reformador havia chegado: a Reforma não deve ter relação alguma com o Estado; igreja e Estado são duas entidades muito diferentes e não devem se aproximar demais. Esses radicais acreditavam em uma igreja livre, não institucionalizada. Não se contentavam nem mesmo com o protestantismo institucionalizado. Diziam que não era possível produzir pessoas boas por meio do governo. Não se deve impor a religião, ela deve ser livre e voluntariamente aceita pelas pessoas. Não se pode afirmar que todos na Inglaterra serão protestantes. Não se pode afirmar que todos na Espanha devem ser católicos. Não se pode usar o Estado para promover a religião. Apenas uma espada pode ser usada e essa é a espada do Espírito, que é a Palavra de Deus.

Portanto, eles eram pacifistas e se recusaram a tomar parte nas guerras entre protestantes e católicos. Eles diziam que não lutariam pelo evangelho; eram considerados revolucionários, pessoas perigosas, pois queriam destruir o único elemento que mantinha unida a sociedade: a ideia de que a igreja e o Estado estavam associados.

Onde eles começaram? Os radicais surgiram em 1522, na cidade de Zurique, na Suíça, e denominavam-se significativamente de "Irmandade" ou "Irmãos". Foram liderados por Conrad Grebel e Feliz Manx, cristãos que estavam na mesma cidade onde Zuínglio tentava convencer o Concílio a determinar que todos fossem protestantes. Os radicais diziam: "Essa não é a maneira correta de fazer isso. O certo é pregar a Palavra e, quando as pessoas voluntariamente a aceitarem, estabelecer uma igreja". Eles defendiam com veemência o que hoje conhecemos como "liberdade religiosa". Os Estados Unidos são o que são hoje graças à luta desses homens. Havia uma religião oficial na Escócia, na Inglaterra e na Alemanha. O Estado impunha a religião em todos os lugares, mas nos Estados Unidos, as ideias desses radicais fincaram raízes e a igreja manteve-se separada do Estado.

Para eles, a igreja não deveria associar-se ao Estado, tampouco identificar-se com a comunidade. Portanto – e essa é a questão que eles foram os primeiros a observar – somente uma pessoa que se tornasse crente deveria ser batizada. Eles passaram do batismo de bebês para o batismo do crente. Receberam o apelido de "rebatizadores". O nome não era exatamente esse. Foram chamados de "anabatistas", pois "ana" significa "novamente", "duas vezes". Os anabatistas formaram a ala esquerda da Reforma. Os radicais. Eram os que desejavam voltar às origens, a uma igreja que não se identificasse nem estivesse conectada com o Estado, uma igreja formada apenas por crentes, que somente batizasse pessoas com idade suficiente para crer em Jesus e assim fazer parte do Corpo de Cristo pela fé.

Infelizmente, não foram somente os romanos que atacaram essas pessoas, mas também os reformadores. Chegou o dia em que Lutero disse aos príncipes alemães: "Vocês devem usar a espada contra os radicais". E chegou o dia em que João Calvino consentiu com a morte de Feliz Manx por afogamento como um fim apropriado para um batista. Ele foi assassinado por afogamento. Zuínglio, em

Zurique, convenceu o concílio a decretar leis cruéis contra essas pessoas.

Não é interessante? Tanto os romanos quanto os reformadores usaram o Estado, e ambos estavam preparados para, literalmente, fazer uso da espada em nome de Cristo. Os radicais disseram: "Não usaremos outra espada além desta – a Bíblia". Por isso a espada dos romanos e a espada dos reformadores foram usadas contra eles. É uma história trágica, mas hoje a Inglaterra pode estar liberta da igreja institucionalizada ou oficial, porque sua influência e suas ideias surgiram nessa nação, sob o governo da rainha Elizabeth I, em um grupo chamado de "separatistas".

Os separatistas queriam uma igreja livre, e como não a encontraram na Inglaterra, partiram para os Estados Unidos no navio Mayflower a fim de estabelecer para sempre o princípio da liberdade religiosa do indivíduo para seguir qualquer fé que ache adequada. Essa é a herança dos ingleses, e foi por essa liberdade que eles lutaram e morreram.

Entre eles havia alguns fanáticos e extremistas como Thomas Muntzer de Zwickau, mas, de forma geral, quando estudamos a história desse grupo (somente hoje é possível saber o que realmente aconteceu aos anabatistas), sabemos que eles lutaram e morreram pela liberdade religiosa, mas o fizeram apenas com a palavra. Foram tachados de revolucionários, mas Jesus disse: "O meu Reino não é deste mundo. Se fosse, os meus servos lutariam". É o que os anabatistas diziam.

Havia também homens como Menno Simons. Se você conhece os menonitas, saiba que devemos a Menno Simons a existência desses grandes cristãos. Havia Jakob Hutter, já ouviu falar dos huteritas? Devemos a Jakob Hutter esses grandes cristãos. Na minha opinião, esses foram os verdadeiros reformadores. Foram eles que declararam: "Mudaremos tudo que não estiver de acordo com a Palavra de Deus e *nós mesmos* o faremos, não vamos esperar que príncipes e papas o façam; viveremos segundo a Palavra de Deus e a seguiremos como indivíduos e comunidades".

No próximo capítulo levaremos essa história ao século 17, a era em que a liberdade religiosa chegou à Inglaterra, quando começou a ser permitido às pessoas seguir suas próprias convicções, a era de William Penn, John Bunyan e muitos outros grandes servos de Deus. Somos gratos a Deus por tantas pessoas que levaram a Reforma para além dos reformadores e declararam: "Separemos a igreja e o Estado, e tenhamos uma igreja livre, constituída por crentes que, pela fé, serão batizados em Cristo Jesus nas águas". Pela graça de Deus, seus princípios chegaram à nossa nação.

7

O SÉCULO 17

Uma diferença entre 1600 e 1700 tem grande importância para nós: em 1600, os cristãos "não conformistas" não teriam permissão para se reunir livremente para cultuar da forma como escolhessem; isso só foi possível em 1700. Veremos como essa mudança ocorreu e como a liberdade de culto chegou à Inglaterra, de modo que, nos últimos trezentos anos, aproximadamente, pudéssemos nos reunir e adorar conforme a nossa própria consciência, sem que fôssemos impedidos ou presos; sem que isso fosse motivo para nossa execução. Foi entre 1600 e 1700 que a batalha foi travada e vencida.

Quero começar novamente descrevendo a situação no início do século. A essa altura, havia três "partidos" ou três grupos de cristãos professos na Inglaterra. Oficialmente, não havia católicos-romanos. Eles haviam sido banidos por lei. Se ainda estivessem por lá, seriam simpatizantes secretos. Havia dois grupos dentro da Igreja Anglicana e um grupo fora dela. Esses dois grupos eram os anglicanos e os puritanos.

Os anglicanos aceitaram o que a rainha Elizabeth I havia feito como uma espécie de concessão, uma mistura entre o que costumava ser feito pelos católicos-romanos e o que era feito pelos reformadores, e essa mistura anglicana foi seguida por muitas pessoas na Inglaterra, especialmente por aqueles que, de alguma forma, sentiam algum descontentamento com a Reforma.

Dentro da Igreja Anglicana, contudo, havia outro grupo, representado por Richard Baxter, conhecido como "os puritanos". O nome se deve ao seu desejo de ver a Igreja Anglicana muito mais pura. Queriam abolir as vestimentas, os crucifixos e as velas. Queriam que o culto fosse singelo, simples e puro. Acima de tudo, queriam que a Palavra de Deus – e não a liturgia – fosse o ponto central. Eram ávidos leitores da Bíblia. E o faziam em seus próprios lares, em família. Também o faziam individualmente, em particular. Queriam, principalmente, ver o estudo regular da Bíblia como uma prática da igreja.

Richard Baxter foi uma figura de destaque nesse período. Além de dar duas ou três horas de estudo bíblico no domingo, ele também percorria um itinerário de casa em casa oferecendo a cada família vinte minutos exclusivamente de estudo bíblico. Esse foi o segredo da eficácia de seu trabalho em Kidderminster, Inglaterra.

Então, temos aqui os anglicanos e os puritanos. Os anglicanos preservando grande parte dos ritos e cerimônias que haviam sido usados por séculos, e os puritanos, desejando ter um culto mais singelo, como acontecia em Genebra e na Escócia, e tornar a Igreja Anglicana tão simples como a Igreja da Escócia. Fora da Igreja Anglicana havia um terceiro grupo que chamamos de "separatistas", pois queriam romper sua dependência da igreja; eram chamados separatistas porque haviam se separado da igreja; também eram chamados de "brownistas" porque um homem chamado Browne era um forte líder entre eles; além disso, eram chamados "congregacionais" porque acreditavam que cada congregação deveria ter a liberdade de decidir a respeito de seus próprios assuntos conforme a direção do Senhor.

Portanto, essa era a situação no início do século e John Milton retrata bem a essência desse período.[1] Os congregacionais, ou separatistas, rejeitaram a ideia de uma igreja institucionalizada e seu lema era "Reforma sem aguardar ninguém". Em outras palavras, "não vamos esperar até que as mudanças ocorram no Parlamento ou na igreja. Vamos seguir em frente e viver segundo a Bíblia em nossa congregação local". Obviamente, muitos deles pagaram por isso com suas vidas, como aconteceu com Greenwood e Barrowe. Mas esse grupo cresceu.

Vamos analisar o reinado de cada monarca na Inglaterra ao longo do século 17 e entender o que aconteceu no país durante esse período. Curioso é que grande parte dos acontecimentos se deu em Buckinghamshire, mais especificamente na paisagem escarpada de Chilterns.

JAMES I
Ele já havia sido rei da Escócia como James VI, mas tornava-se agora James I da Inglaterra e, desde o início, tinha duas ideias que não havia revelado publicamente.

Uma delas era acreditar no direito divino dos reis de regulamentar a religião. A outra ideia era acreditar no direito divino dos bispos de governar a igreja. Ele conseguiu esconder bem suas convicções do povo que ficava ao norte da fronteira e enganou os escoceses. Esse personagem bastante astuto que, aparentemente, conseguia mudar de ideia da noite para o dia, iludiu os escoceses, fazendo-os acreditar que ele seria um bom rei, e quando veio para o sul, os ingleses pensaram que ele seguiria a linha puritana, que purificaria a Igreja Anglicana.

---

1 NdT: John Milton é uma figura muito conhecida dos inglês. Foi um poeta e intelectual que escreveu numa época de fluxo religioso e convulsões políticas. Sua obra mais conhecida é o poema épico Paraíso Perdido (1667).

O choque veio rapidamente quando ele disse: "O presbiterianismo se harmoniza com a monarquia tanto quanto Deus e o diabo"; o lema de seu reinado na Inglaterra era: "Sem bispo – sem rei". Começou ali, então, um período muito difícil na Igreja Anglicana. James se posicionou com muita força ao lado dos anglicanos e rejeitou a proposta de governo representativo dos crentes. O rei deveria governar a igreja e o bispo deveria governar a igreja, e ele contava com um arcebispo muito bom para ajudá-lo nesse objetivo.

Para atingir seu objetivo, James convocou, em 1604, uma conferência de líderes cristãos em Hampton Court (o palácio onde fica o labirinto de arbustos) e ali ele ridicularizou, insultou e zombou dos puritanos. Disse: "Vocês são estraga-prazeres. Não gostam de esportes aos domingos. Tudo bem. Farei leis que determinem que é perfeitamente correto ter esportes e entretenimento aos domingos". Ele os provocou dessa forma e ninguém se intrometeu. Temos o relato desse momento.

Estava presente na reunião um conhecido professor de Oxford, um puritano chamado Reynolds. Era um homem cortês, temente a Deus, e toda essa ridicularização e zombaria em nada o perturbou, tampouco abalou sua convicção. Quando James havia esgotado suas injúrias, o dr. Reynolds disse: "Vossa majestade, tenho uma sugestão. Já está na hora de termos uma nova Bíblia". Essa sugestão foi aceita, para a surpresa do rei James, e ao longo de sete anos depois da conferência de Hampton Court, as pessoas se dedicaram a essa tarefa. Temos a versão King James da Bíblia, assim chamada não porque ele tenha dado a ideia ou trabalhado na obra, mas porque ele era o rei, e quando essa versão da Bíblia foi concluída, foi apresentada a ele. Na Inglaterra, ela é chamada de *Authorized Version* [versão autorizada] (também conhecida, especialmente nos Estados Unidos, como versão King James).[2] Foi publicada em 1611. Esse ano foi importante para a Inglaterra. A primeira Igreja Batista da Inglaterra foi fundada no mesmo ano.

Infelizmente, após a conferência, o rei James publicou uma proclamação real de conformidade na qual afirmava: "Todo clérigo deve aceitar os bispos. Deve haver completa conformidade, completa uniformidade por parte de toda a igreja". Quinhentos clérigos recusaram-se a assiná-la e trezentos deles foram imediatamente presos. Outros sofreram represálias. Foi um grande racha na Igreja da Inglaterra. Na época, retornaram à Igreja Anglicana as vestimentas e os ritos e cerimônias que não eram vistos desde o início da Reforma. E ali permaneceram desde então.

Como consequência, os puritanos partiram para a Irlanda. Alguns fugiram para o oeste e, como resultado, a Igreja da Irlanda sempre esteve mais próxima da Reforma do que a Igreja Anglicana. O arcebispo da Irlanda era James Ussher, um homem que gostava de definir datas! Se sua Bíblia na versão autorizada [ou King James] tiver na introdução de Gênesis 1 a informação "4004 a.C." (que Deus nunca colocou na Bíblia), você está diante da cronologia elaborada por Ussher. Foi ele quem concluiu que Adão surgiu aproximadamente às nove horas da manhã do dia 21 de outubro de 4004 a.C. Certo acadêmico afirmou, de forma bastante irônica: "Sendo ele um acadêmico cuidadoso, não se arriscaria a ser tão específico!"

James Ussher era um arcebispo de grande influência e os clérigos puritanos tendiam a mover-se rumo ao oeste, mas os membros leigos da igreja que se preocupavam com James e que não podiam cultuar da forma como sentiam

---

[2] NdT: A edição da Bíblia mais comum no Brasil e com mais exemplares é a tradução de João Ferreira de Almeida. A Sociedade Bíblica do Brasil é a maior editora da Bíblia do mundo.

que deveriam, fugiram para o leste, para a Holanda. Grande parte dos separatistas, dos congregacionais, fugiu para lá.

No vilarejo de Scrooby, na região norte de Nottinghamshire, sob a liderança de um fiel pastor chamado John Robinson, um grupo de separatistas se reuniu e formou sua própria congregação. Por causa das perseguições e ameaças, eles decidiram se mudar para a Holanda, onde encontrariam liberdade de culto. Infelizmente, o capitão do navio no qual viajariam os delatou às autoridades e assim foram impedidos, e alguns chegaram a ser presos por um tempo. Depois de um tempo eles conseguiram concretizar a viagem e a história de como conseguiram os barcos é muito dramática. Um navio holandês veio encontrá-los na costa, em Lincolnshire, próximo a Boston. Eles partiram de Boston Stump. Havia dois barcos, um com os homens e outro com as mulheres e crianças. Eles não viajaram juntos para não chamar a atenção das autoridades locais. Os dois barcos partiram rumo ao navio. Mas o barco com as mulheres e crianças acabou encalhando. Os homens chegaram ao navio holandês, mas logo viram as tropas costeiras britânicas se aproximar e disparar contra o navio holandês, que foi obrigado a se retirar. Os homens viram suas esposas e filhos encalhados e temeram por suas vidas. Felizmente, um ou dois anos depois, as esposas e os filhos puderam partir para encontrá-los na Holanda. Lá todos seriam livres para adorar a Deus da forma como quisessem. Na Inglaterra, seriam obrigados a se sujeitar ao rei James.

Algo aconteceu em Amsterdã. Um grupo de cristãos começou a estudar a questão do batismo. Até aquele momento, como vimos, todos os principais reformadores, os magisteriais, praticavam o batismo de bebês como era feito havia séculos, mas em Amsterdã, um grupo sob a liderança de um homem chamado Helwys começou a examinar essa questão e chegou à conclusão de que o batismo deveria ser para crentes somente, o que expressava da forma mais clara possível que a igreja é formada apenas por crentes.

Obviamente, não havia quem os batizasse, então dois deles decidiram batizar um ao outro. E assim fizeram. Mas então, como não encontravam trabalho, decidiram se arriscar e retornar para Londres. Voltaram em 1611 e formaram a primeira Igreja Batista da Inglaterra, situada em Spitalfields, Londres. Entretanto, logo despertaram a atenção das autoridades e sofreram por isso.

Alguns anos depois, um grupo de separatistas que havia permanecido na Holanda decidiu que era impraticável permanecer na Europa. Eles não eram compreendidos. Não conseguiam trabalho. Estavam famintos. Pensaram, então, em fazer algo inimaginável. Decidiram retornar à Inglaterra, conseguir um navio e seguir para o Novo Mundo. Na América tentariam construir um mundo livre onde as pessoas pudessem cultuar sem que o Estado lhes impusesse como fazê-lo. Retornaram à Inglaterra e persuadiram o proprietário do Mayflower a tirá-los dali.

OS PAIS PEREGRINOS
No vilarejo de Jordans, Buckinghamshire, fica um galpão supostamente construído com a madeira do Mayflower,[3] o navio que levou os peregrinos, em 1620, de Plymouth para a Nova Inglaterra, para o Novo Mundo. Que experiência difícil os aguardava! Metade deles morreu no primeiro inverno. Enfrentaram o frio e a falta de alimento e auxílio médico. Mas eles permaneceram, e embora tivessem conflitos com áreas anglicanas já estabelecidas, os peregrinos começaram algo que permitiu que os Estados Unidos hoje fossem uma

---

3 NdT: Não se sabe ao certo o verdadeiro destino do navio. Entre os historiadores diz-se que o navio foi sucateado e sua madeira usada na construção de um galpão em Buckinghamshire.

nação absolutamente livre de qualquer relação Igreja-Estado, e um lugar onde qualquer pessoa pudesse cultuar conforme a sua consciência. Essa é uma das razões pelas quais a maioria das seitas mais estranhas parece ter início nos Estados Unidos. Eles têm liberdade para isso. Era o risco que corriam, mas eles optaram por correr esse risco e ter liberdade religiosa do que acabar, pela força da lei, sujeitos a algo que não estava de acordo com seus princípios.

CHARLES I

Charles I infelizmente foi pior do que seu predecessor, James I, e, certo do direito divino de reis e bispos, foi muito além. "Se encontrar um puritano, prenda-o! Aplique multas pesadas, coloque-o no pelourinho, corte suas orelhas, golpeie seu nariz" – tudo isso acontecia no reinado de Charles I.

William Laud, arcebispo da Cantuária à época, ajudou Charles a retroceder no tempo. A mesa de comunhão da igreja paroquial voltou a ser chamada de altar, e as pessoas foram instruídas a curvar-se diante dela. Diante da oposição do Parlamento, Charles I decidiu dissolvê-lo por onze anos! Consegue imaginar um rei ou rainha fazendo o mesmo hoje? Quinze mil londrinos marcharam até o palácio e apresentaram ao rei Charles I a petição *Root and Branch*,[4] exigindo que toda superstição católica fosse erradicada, da raiz aos ramos. Charles I recusou-se a ouvi-los e, em muito pouco tempo, a Inglaterra estava em guerra civil.

A guerra eclodiu em 1642. O Parlamento colocou-se contra o rei, e a questão era religiosa. De forma geral, os anglicanos se aliaram ao rei, e os puritanos, ao Parlamento. O norte e o oeste estavam nas mãos do rei e o sul e o leste, nas mãos do Parlamento. É por essa razão que, se você

---

4 NdT: A tradução literal é "'Raízes e Ramos", significando algo de abrangência estrutural e profunda.

estudar a distribuição das igrejas livres hoje, perceberá que ela segue esse padrão.

Havia uma fronteira entre Aylesbury e Oxford. John Hampden foi um dos maiores defensores do Parlamento; avenidas e escolas da região levam o seu nome. Na praça central de Aylesbury, há uma estátua de Hampden, que residia próximo dali. Infelizmente, esse líder foi morto logo no início da guerra, e o Parlamento começou a perder a batalha.

Eles estavam à espera de um líder. Oliver Cromwell remodelou o exército. Sob o famoso lema "Confie em Deus, mas mantenha a pólvora seca", ele suscitou um moral renovado nos soldados que lutavam por liberdade religiosa. Reuniu-se em Westminster nessa época, durante a guerra civil, um grupo de clérigos e estudiosos de Oxford e Cambridge para tentar elaborar algum tipo de padrão da vida da igreja que fosse aceitável a todos. O encontro foi chamado de Assembleia de Westminster, e alguns escoceses convidados pareciam influenciá-la fortemente, como os escoceses costumam fazer. Elaboraram um credo de sua fé chamado "Confissão de Fé de Westminster" que, até hoje, é a confissão de fé não apenas dos escoceses, mas da maioria dos presbiterianos de todo o mundo. Tenho certeza de que você poderia citar um dos pontos do catecismo com base nessa Confissão de Fé: "Qual é o fim principal do homem? O fim principal do homem é glorificar a Deus e desfrutar dele para sempre". Os escoceses aceitaram, mas os ingleses, não.

Charles I ainda estava vivo, mas foi finalmente levado a Londres para ser decapitado. Foi mantido por um breve período na Manor House, em Stoke Poges. Ali, acima da lareira, pintado na parede de gesso, está o brasão real de Charles. Para passar o tempo e não pensar na sua execução, ele pintou o seu brasão real no gesso.

Entre os soldados que lutaram com Oliver Cromwell, havia um jovem dado à bebedeira, às brigas e ao palavreado chulo, que havia nascido em um pequeno vilarejo chamado Elstow, próximo a Bedford. Seu nome era John Bunyan.

Após a guerra civil, os presbiterianos conquistaram o controle da Igreja Anglicana e tentaram obrigar todos a se tornar presbiterianos. Não é curioso? Quando os anglicanos estão no controle, todos devem ser anglicanos. Quando os presbiterianos assumem o controle, todos devem ser presbiterianos – isso levou alguns a afirmar que "o novo presbítero era o velho sacerdote com roupas novas". Em outras palavras, só havíamos passado de uma tirania para outra.

CHARLES II

Seria difícil descrever de forma suficientemente ruim esse devasso sem princípios, que foi aceito primeiramente pelos escoceses – eles o coroaram em Scone, na Pedra de Scone, acreditando que ele lutaria ao lado dos escoceses e que o Parlamento da Inglaterra defenderia o presbiterianismo, por uma igreja puritana mais pura. Infelizmente, os escoceses se arrependeram muito rapidamente de sua insensatez. Não será possível nos aprofundarmos na história dos *covenanters* [pactuantes]; basta dizer que 17 mil *covenanters* escoceses, reunidos em segredo para adorar a Deus como achavam que deveriam, sofreram perseguições sob o reinado de Charles II.

De volta à Inglaterra, Charles II revelou-se um simpatizante secreto da Igreja Católica Romana. Sua ambição era trazê-la de volta por meio de intrigas. Ele fez um acordo secreto com Luís XIV da França que representou um retorno ao catolicismo romano, como se o relógio retrocedesse duzentos anos até a época pré-Reforma. Como ele fez isso? O ano de 1661 deu início a uma série de Atos do Parlamento, leis promulgadas para promover esse retrocesso. O pior foi o ato de 1662, chamado de Ato de Uniformidade. Ainda eram determinações da Igreja Anglicana, e não Católica Romana, e por meio delas Charles II e o Parlamento decretaram por lei a religião que as pessoas deveriam praticar. Foi naquele ano de 1662 que aproximadamente dois mil clérigos abandonaram tudo e foram rumo ao desconhecido, sem moradia, trabalho ou qualquer outra coisa, pois recusavam-se a agir conforme as determinações do Ato de Uniformidade. Com isso, surgiu um novo termo: "os não conformistas". Esse adjetivo, a princípio, era sinônimo de crime. Um não conformista corria enormes riscos. Um desses não conformistas foi Richard Baxter. Em 1665, outra lei foi promulgada pelo Parlamento: o Ato das Cinco Milhas, pois os clérigos expulsos retornavam secretamente, para realizar reuniões com suas congregações. Essa lei obrigava os clérigos a manter a distância mínima de cinco milhas de suas antigas igrejas.

Curiosamente, se você for a Wendower, Inglaterra, ainda verá, na estrada de acesso à cidade, uma Igreja Batista localizada à direita. Fica a uma caminhada de aproximadamente cinco minutos do centro do vilarejo. Talvez você pergunte: "Por que construir uma igreja fora do vilarejo?" A resposta é muito simples. Em 1662, o vigário de Aylesbury foi expulso por não estar em conformidade com a nova lei. Ele continuou a voltar secretamente a Aylesbury e a realizar reuniões em cozinhas e jardins ou onde fosse possível, mas o Ato das Cinco Milhas foi promulgado. Sabe o que ele fez? Partindo do centro de Aylesbury, começou a caminhar e contar a distância de cinco milhas. Chegou a um campo e ali ele começou a realizar reuniões com aqueles que caminhavam as cinco milhas [cerca de oito quilômetros] partindo de Aylesbury. Construíram ali um local de culto, que hoje é conhecido como a Igreja Batista de Wendower. Fica exatamente a cinco milhas do centro!

Em 1673, veio o infame Ato de Prova [ou Lei de Teste]. O Parlamento determinou que não deveria haver católicos-romanos ou não conformistas na Inglaterra. Todos deveriam adorar da mesma forma. Isso causou muito sofrimento.

ONDE ESTEVE O CORPO NOS ÚLTIMOS DOIS MIL ANOS?

John Bunyan converteu-se ouvindo a conversa de algumas donas de casa no quintal. Se você tem o hábito de conversar no quintal, tenha em mente que, se falar sobre o que é certo, pode alcançar um John Bunyan, pois esse jovem, que era dado à bebida, ao palavreado chulo e às brigas, ouviu algumas mulheres falando sobre Jesus. Ele nunca tinha ouvido nada tão doce e foi convencido de seu pecado. Converteu-se e tornou-se um pregador em Bedford. Foi batizado e passou a pregar o evangelho por onde quer que fosse.

Bunyan foi lançado na prisão no reinado de Charles II. Ficou preso por doze anos, com apenas um breve intervalo. Foi separado de seus filhos e de sua esposa, cega, e sofreu muitas privações; mas certo dia, ainda na prisão, ele teve um sonho. Viu no sonho um homem levando nas costas um fardo do qual desejava livrar-se. Começou a anotar o sonho – e as anotações deram origem ao livro *O Peregrino*. Espero que você tenha lido todo esse livro na versão para adultos, não na infantil. A versão para adultos não nos conta apenas o que aconteceu ao peregrino, mas também seus pensamentos e suas palavras. Espero também que, algum dia, você leia outro livro importante de John Bunyan, *Graça Abundante ao Principal dos Pecadores*, no qual ele descreve sua conversão e como se tornou o pregador que foi. Acredito que o livro *O Peregrino*, de Bunyan, seja o livro cristão mais conhecido, depois da Bíblia. Nesse livro, apesar de ele não mencionar a igreja nem os sacramentos, o livro foi aceito por cristãos de todas as vertentes eclesiásticas e, até hoje, destaca-se como um dos livros que mais exercem fascínio e encanto do mundo cristão. John Bunyan morreu em 1688. No fim da sua vida, era chamado de "bispo Bunyan", algo que ele não queria ser. Viajou a muitos lugares, e as pessoas o procuravam para pedir ajuda, dizendo: "O senhor tem tanto direito quanto eles de ser chamado de bispo, então é assim que vamos nos dirigir ao senhor". Assim, "bispo Bunyan" ele era.

Outro homem que sofreu durante esse tempo foi George Fox, que teve uma experiência religiosa muito profunda no ano de 1646. Essa experiência teve um lado positivo e outro não tão positivo. George Fox descobriu, ou melhor, redescobriu, o poder do Espírito Santo para "guiá-lo a toda verdade". Chamou essa experiência de "luz interior". Ele dizia: "Não faz sentido termos as Sagradas Escrituras fora de nós ou mesmo em nossa mente. Precisamos ter o Espírito Santo dentro de nós também". Era algo que precisava ser redescoberto e anunciado. Você pode ter a santa Bíblia na ponta da língua, mas sem o Espírito Santo, ela é morta, não está viva. George Fox redescobriu o Espírito Santo.

Infelizmente, embora tivesse redescoberto algo bom, ele se desviou para algo não tão bom. Deu um passo além e afirmou que "a palavra profética segura de que precisamos hoje não são as Escrituras, mas somente o Espírito Santo". Lamentavelmente, a partir dessa afirmação, surge a maior fraqueza do movimento promovido por esse homem. Ele reuniu ao seu redor pessoas que partilhavam de um ponto de vista semelhante, formando um grupo que recebeu o nome de "A Sociedade dos Amigos". Outras pessoas os chamavam de *quakers*, pois eles tremiam e estremeciam [*quake*, em inglês] diante de Deus em suas reuniões. Seu ponto forte foi acreditar que Deus pode falar ao interior da pessoa através do Espírito Santo; seu ponto fraco foi rejeitar os sacramentos que o Senhor Jesus ordenou, por serem "exteriores", além da tendência de desconsiderar a Bíblia e confiar inteiramente em pensamentos interiores.

Fox foi preso por afirmações e posturas inortodoxas e também enfrentou grande sofrimento. A certa altura do reinado de Charles II havia quatro mil *quakers* presos. Se você conseguir imaginar a proporção, poderá entender seus sofrimentos, especialmente se considerar que, na prisão, não havia refeições, a menos que os amigos a providenciassem, e se todos os *quakers* fossem presos, não haveria ninguém para suprir essa necessidade.

Certo jovem aristocrata afirmou: "Jamais teremos na Inglaterra a liberdade para prestar culto como gostaríamos. Devemos ir para o Novo Mundo". O pioneiro William Penn está sepultado, juntamente com sua família, em um pequeno cemitério da Jordans Meeting House, na Inglaterra. Ele foi ao Novo Mundo e ultrapassou as fronteiras das colônias da costa leste, declarando: "Teremos um Estado de liberdade religiosa". O local ganhou o nome de Pensilvânia – a colônia de William Penn – onde eles poderiam ser livres para adorar e seguir a luz interior do Espírito Santo. Penn cruzou o Atlântico três ou quatro vezes, mas acabou falecendo na Inglaterra.

JAMES II
James II era um católico-romano confesso que declarou, de forma não tão sutil como Charles II, mas abertamente: "Vou levá-los de volta a Roma ainda que para isso eu tenha de morrer". Para isso, ele usou o cruel juiz George Jeffreys, de Bulstrode Park, conhecido por seus atos infames. Essa postura foi radical demais para a Inglaterra e, como resultado de um levante popular contra o rei, James II foi obrigado a fugir.

WILLIAM E MARY
Quando William e Mary subiram ao trono da Inglaterra, teve início uma nova era de estabilidade e tolerância, uma era que definiu o padrão para o restante da história da Inglaterra no que se refere à igreja, exceto por um aspecto.

Os católicos-romanos não obtiveram permissão para retornar à Inglaterra nesse reinado nem pelos cem anos seguintes, mas a tolerância se estendeu a outros grupos. Em 1689, os não conformistas foram parcialmente reconhecidos e as perseguições começaram a cessar. Tenho um livro, de autoria de John Foxe, chamado *O Livro dos Mártires*. Na época do meu avô, era uma leitura indicada para as crianças, na Escola Dominical. Não sei se hoje eu teria coragem de dá-lo aos meus filhos; talvez eu seria criticado pela professora deles por encher suas mentes com coisas desse tipo. É o mais terrível registro sobre os mártires cristãos, desde o tempo do Novo Testamento até 1682. Tenho a impressão de que o autor acreditava que, depois do *Livro dos Mártires*, nenhum outro relato do tipo precisaria ser escrito, e que a tolerância alcançada no final daquele século seria duradoura e não haveria outros mártires.

De certa forma, a Inglaterra não teve outros mártires, mas no mundo como um todo, não houve um único período de dez anos, desde a morte de Jesus na cruz, em que os cristãos não morressem por sua fé – e isso ainda acontece em alguns lugares. Na Inglaterra, contudo, o espírito de tolerância imperava e, pela primeira vez, após a promulgação do Ato de Tolerância de 1689, por William e Mary, os não conformistas puderam construir locais de culto. No final do século, havia mil locais de culto de grupos não conformistas.

Essa, portanto, era a situação: o anglicanismo ainda era a religião oficial. Boa parte dos puritanos havia deixado a Igreja Anglicana, rumando para a Irlanda ou os Estados Unidos, ou unindo-se aos separatistas e batistas, tornando-se não conformistas. Em 1662, outros dois mil anglicanos deixaram a Igreja Anglicana e uniram-se aos não conformistas. Por volta do final do século, havia capelas e locais de encontro de não conformistas por todo o sudeste da Inglaterra, espalhando-se para o norte e o oeste.

Essa era a posição geral, porém dentro da Igreja Anglicana havia três partidos ou tendências. Portanto, assim como apresentei a situação da igreja em 1600, quero lhe mostrar a situação dos partidos em 1700. Os partidos permanecem os mesmos até hoje: *Broad* [igreja ampla], *High* [igreja alta] e *Low* [igreja baixa]. Eles já existiam no final do século 17.

A igreja alta ainda anseia por incorporar as práticas romanas ao culto. A igreja baixa, na verdade, pertence aos poucos puritanos que conseguiram permanecer e cujo culto era muito simples, sem adornos, vestes ou altar, reuniam-se ao redor de uma mesa, adoravam de forma muito semelhante à Igreja da Escócia e não se posicionavam em relação aos bispos. É sobre a igreja ampla que eu gostaria que você refletisse, pois se trata do início da história do século 18.

Pergunto: "O que Deus pensava de tudo isso? E o que o diabo achava de tudo isso?" Tenho a impressão de que o diabo se divertiu muito ao ver os cristãos matando uns aos outros; ele deve ter ficado animado pelo fato de estarem se destruindo fisicamente. No entanto, quando o Ato de Tolerância permitiu que as pessoas adorassem livremente, o diabo foi obrigado a pensar em uma nova tática e criou uma das mais diabólicas: em vez de destruir os cristãos fisicamente, ele arquitetaria algo que os destruiria mentalmente.

Durante o século 17, algumas ideias muito estranhas surgiram na Europa, em nome do cristianismo. Na Suécia, um cientista chamado Swedenborg[5] elaborou princípios descabidos e os chamou de cristianismo, fundando assim a "Igreja da Nova Jerusalém". Talvez você nunca tenha ouvido falar. Encontrei outras igrejas desse tipo em Lancashire.

Fausto Socino, na Itália, fazia afirmações do tipo "A Bíblia não é a Palavra de Deus. Ela é útil, mas simplesmente não é a Palavra de Deus propriamente dita. Jesus não era o Filho de Deus; era apenas um grande homem de Deus; devemos imitar seu exemplo. Jesus não morreu por nossos pecados, ele morreu para nos dar um exemplo de amor". Eram

---

5 NdT: Considerado um dos precursores do espiritismo.

O SÉCULO 17

afirmações feitas na época; ideias que haviam cruzado o Canal da Mancha.

Outras ideias vieram de Jacó Armínio, da Holanda, que se opunha aos ensinamentos de Calvino. Desde então, temos o calvinismo e o arminianismo. O calvinismo enfatizava a soberania e a vontade e Deus; o arminianismo enfatizava o livre arbítrio do homem. Eles debatiam seriamente sobre essa diferença.

Do continente europeu, veio para a Igreja Anglicana um grupo de pessoas que realmente acreditavam que, contanto que frequentassem a igreja e prestassem culto, não importava se suas convicções religiosas eram diferentes. Até o final do século 17, embora as pessoas discordassem sobre a ordem eclesiástica, os bispos e o batismo, elas concordavam a respeito da fé cristã e do evangelho, e estavam todas de acordo quanto às crenças cristãs e o papel do evangelho. Mas agora, vindo do continente europeu, infiltrava-se na Igreja Anglicana um partido que acreditava que era possível ser muito mais latitudinário em sua doutrina. Em outras palavras, você poderia ter um pensamento mais amplo e abrangente do que aquele pensamento ultrapassado do evangelho. Essa postura quase extinguiu a Igreja Anglicana por volta de 1730. Espiritualmente, roubaria dessa igreja seu poder e herança.

Eu não contei tudo isso para lhe dar uma aula de história, mas porque quero que você perceba que, se estivéssemos vivendo em 1700, não teríamos liberdade de cultuar conforme ditasse a nossa consciência. Teríamos que nos "conformar". Você teria de aceitar uma ordem de culto determinada por um Ato do Parlamento. Teria que se conformar com um rígido governo eclesiástico determinado pelo Parlamento e não haveria liberdade para decidir com base no que o Senhor espera que façamos. Hoje temos essa liberdade. Graças ao Senhor por aqueles que perceberam que o Novo Testamento exigia uma igreja livre em um Estado livre e que a religião é uma questão de consciência – aqueles que levaram esse modelo para o Novo Mundo, aqueles que foram para a Europa e outros locais com essa ideia em mente, mas, acima de tudo, aqueles que permaneceram na Inglaterra, foram presos e defenderam sua causa. Por isso você e eu podemos prestar culto a Deus conforme guiar a nossa consciência.

O preço da liberdade é a eterna vigilância. Podemos muito facilmente perder novamente essa liberdade. Outros a perderam. Temos não apenas de olhar para o passado, mas louvar a Deus para que no futuro ele possa nos manter onde devemos estar.

Também contei essa história para lhe dizer o seguinte: apesar de todas essas batalhas, apesar dessas dificuldades, a igreja de Deus prossegue, e a cada geração o Espírito Santo converte homens e mulheres, tornando-os mensageiros fervorosos do evangelho; e apesar de tudo o que aconteceu, a igreja ainda permanece, os cristãos ainda permanecem, o evangelho ainda permanece, a Bíblia ainda permanece – pois Jesus disse: "Edificarei a *minha* igreja, e as portas do inferno não prevalecerão contra ela".

8

O SÉCULO 18

Em novembro de 1699, algumas semanas antes do início do século 18, o livro *As Viagens de Gulliver* foi publicado. Seu autor, Jonathan Swift, era um irlandês que tentou diversas vezes estabelecer-se na Inglaterra, mas sem sucesso e, finalmente, morreu em Dublin com perturbações mentais. Seu livro é um ataque selvagem à sociedade inglesa do início do século 18 e não é apropriado para crianças. Se você quiser saber como era a Inglaterra no início desse período, leia esse livro. Alguns anos depois, era a vez de *Robinson Crusoé* encontrar a sua ilha. Naquela época, aparentemente, a moda era sair da Inglaterra e fugir da sociedade inglesa, e Robinson Crusoé, o personagem que dá nome ao romance, parecia muito mais feliz quando estava em sua ilha deserta do que quando retornou à Inglaterra em 1715.

Esses dois livros apresentam um fato que devemos mencionar antes de olharmos para a igreja, e o fato é que a Inglaterra estava se esfacelando. Do ponto de vista social, o país caminhava mal, e devemos perguntar a causa disso. Posso sintetizar o que gostaria de dizer de uma forma bastante simples e talvez até rude, dizendo que, ao longo do século 18, o homem estava abrindo a torneira de água fria e Deus estava abrindo a torneira de água quente.

O homem abria a torneira de água fria do que chamamos de racionalismo, o intelecto por si mesmo, a razão. E Deus abria a torneira de água quente do que chamamos de avivamento. Ele estava chamando alguns grandes homens para pregar o evangelho e elevar a temperatura da sociedade inglesa.

Primeiro, vamos expandir a analogia com a torneira de água fria, e se você já sentiu esse tipo de "frieza" encobrindo sua vida, vai entender que era precisamente isso o que encobria a sociedade na Inglaterra. As pessoas aos poucos se tornavam espiritualmente frias e mortas, porque suas convicções seguiam na direção errada e sua conduta refletia isso.

Uma das lições que aprendemos com o século 18 é que as convicções de um homem afetam seu comportamento. O que um homem tem em seu coração se refletirá em sua vida exterior. Então quais ideias estavam "esfriando" a religião? Quais ideias estavam matando a sociedade inglesa do início do século 18? Em parte, era a influência da própria sociedade. Muitas descobertas haviam sido feitas. Copérnico havia descoberto (ou, pelo menos, assim ele havia dito) que os planetas giravam ao redor do Sol e não da Terra, e Galileu, com seu telescópio, havia confirmado sua descoberta. Isaac Newton ainda estava fazendo descobertas sobre maçãs e as principais leis a elas relacionadas e propondo a lei da gravidade. Acima de tudo, Francis Bacon e Descartes estavam dizendo que o universo em que vivemos é governado por leis fixas e imutáveis. Em outras palavras, se uma maçã cai de uma macieira, ela deve atingir o chão; é a lei da gravidade. Não pode ser de outra maneira. Eles estavam dizendo que essas leis eram absolutamente fixas. Esse pensamento, é claro, extingue com um só golpe o milagre e boa parte dos relatos encontrados na Bíblia, pois alguns dos eventos bíblicos parecem contrariar essas leis naturais.

Além disso, Francis Bacon fez a seguinte afirmação (você ficaria surpreso ao perceber como ele era moderno e o quanto devemos a ele ou somos influenciados por ele): "As únicas coisas que podemos afirmar como verdadeiras são aquelas comprovadas pela observação e, se não for possível comprová-las cientificamente, pela observação, não devemos acreditar nelas. Não devemos aceitar nada por imposição. Devemos sempre testar e, se não pudermos comprovar algo cientificamente, por meio da observação, não precisamos acreditar". Esse foi um tremendo passo para frente ou para trás, dependendo do ângulo em que é visto. "Não acredito, a menos que possa ser comprovado. Não acredito em Deus a menos que você possa demonstrá-lo, a menos que eu possa observá-lo. Não acredito no céu ou no diabo. Essas coisas não podem ser comprovadas cientificamente". Essas afirmações apenas ecoavam as palavras de Francis Bacon e, francamente, esse tipo de pensamento mata a religião. Está fadado a fazê-lo, pois não se pode comprovar a existência do reino eterno pela observação.

Então, onde entra Deus em tudo isso? Quer dizer que eles deixaram de crer em Deus no século 18? Não! Muitos, contudo, passaram de uma doutrina chamada teísmo para outra chamada deísmo, que é um passo rumo ao ateísmo.

Em síntese, o teísmo é a crença de que Deus criou o mundo e o controla. O deísmo é a crença de que Deus criou o mundo, mas não pode controlá-lo. O ateísmo é a crença de que ele não criou o mundo porque não existe um Deus para isso!

Era possível descobrir se uma pessoa era deísta ou não perguntando se ela orava pelas condições do tempo. Eu saberia imediatamente se você acredita ou não que Deus controla o mundo que ele criou. Se você acredita que Deus é o Criador e controla o mundo que criou, então você é teísta. Eu sou teísta e a Bíblia é um livro teísta.

No século 18, contudo, começou a se afirmar: "Se o universo é governado por leis fixas e imutáveis, então Deus pode tê-las criado, mas não há nada que possa ser feito a respeito delas agora, então não faz sentido pedir-lhe que mude alguma coisa, que intervenha e faça algo. Ainda é possível crer em Deus, mas ele criou tudo isso há muito tempo e apenas colocou tudo em funcionamento".

Uma das ideias mais populares, proposta por um bispo, era que o mundo é como um grande relógio. Depois de criado, não há nada que se possa fazer a respeito. Assim que você deu corda, ele segue segundo suas próprias leis. Não posso dizer: "Ei! Espere um pouco. Retroceda! Pare!" Trata-se de um mecanismo governado por suas próprias leis. Os deístas acreditam que Deus criou o mundo, deu corda nele, e então apenas ficou observando. Não há mais nada que ele possa fazer a respeito. Deus existe, mas não pode fazer nada.

Esse é realmente um tipo de Deus morto, e você não oraria a um Deus que não pudesse fazer nada, não é? Era como matar a oração e a fé em um Deus vivo, que ainda estava no controle de todas as coisas. Esse tipo de pensamento – que Deus estava muito distante e não poderia fazer muita coisa – se infiltrou nas igrejas. Tinha nomes diferentes dependendo da igreja. Na Igreja Anglicana, era chamado de latitudinarismo. Na Igreja da Escócia, era chamado de moderatismo. Os batistas chamavam de unitarianismo, porque uma das ideias era que Deus não poderia ter vindo à terra, e Jesus, portanto, deve ter sido apenas um grande homem.

Desse modo, a fé, diluída, começou a desaparecer, e todas as denominações sofreram com isso. Algumas igrejas batistas fecharam por causa desse tipo de pensamento. O culto tornou-se excessivamente formal e sem vida. Era o momento de prestar homenagem à Divindade que criara todas as coisas, mas não se deveria esperar que ela agisse! Deus não poderia fazê-lo, pensavam eles, pois está distante de tudo o que criou.

Eles acreditavam ter descoberto não apenas as leis da natureza, mas também da sociedade. Na época de Luís XIV,

O SÉCULO 18

John Locke e Voltaire estavam escrevendo sobre as leis que governam a sociedade. Foi também o tempo do francês Rousseau e suas afirmações características, como: "O homem nasce livre, mas por toda a parte encontra-se acorrentado". Surgiu então o escocês Adam Smith e sua extensa obra sobre "o equilíbrio entre importações e exportações" e a "divisão do trabalho". Algo soa estranhamente moderno. Veio também Mary Woolstonecraft, que lutava pelos "direitos divinos" (quase isso)[1] das mulheres. Ela escreveu um longo livro em que defendia o voto das mulheres, espaços de lazer e educação mista nas escolas – temas revolucionários para a época – e divisão entre ensino fundamental e secundário moderno. Mary era uma lutadora, e muitas das ideias de seu livro se concretizaram.

Todas essas pessoas estavam tentando descobrir as "leis da sociedade" e tentando entender seu funcionamento. Mas todos concordavam que as leis da sociedade não precisam de Deus mais do que precisam das leis da natureza. O mundo da natureza segue sem Deus e o mundo da sociedade e da natureza humana também segue sem Deus – e foi a partir de tais ideias que se deu a Revolução Francesa. Rousseau é considerado "o pai da Revolução Francesa".

A igreja tentou resistir usando as armas do intelecto. O bispo Butler e o bispo Berkeley realmente tentaram pregar de forma intelectual. Tentaram contrapor evidências contrárias a Deus com evidências favoráveis a Deus, e transformaram tudo em um argumento bastante intelectual. Sinceramente, esse tipo de postura nunca trouxe bem algum. É impossível convencer uma pessoa a ter uma vida espiritual apenas pela

---

[1] NdT: Ela julgava que, do mesmo modo que se questionava o direito divino de os reis governarem, a sociedade também deveria questionar o direito divino em relação à superioridade dos homens, pais e maridos sobre as mulheres.

argumentação. É possível remover algumas perguntas e barreiras, mas uma igreja nunca será construída com base apenas em argumentos intelectuais.

O caráter um tanto frio e intelectual das crenças do século 18 teria um forte efeito sobre o comportamento. Esse foi um século turbulento; um vento de mudança acompanhava a transformação das sociedades.

No continente americano, foi a época da revolta das colônias americanas e da fundação dos Estados Unidos, quando Thomas Jefferson incluiu na Declaração de Independência a "filosofia" de Locke e suas leis da sociedade. Se você ler primeiro o livro de Locke e, em seguida, a Declaração de Independência, descobrirá onde os Estados Unidos basearam sua Declaração.

Na França, em julho de 1789, todas essas ideias eclodiram na Revolução Francesa. A "razão" estava sendo endeusada; no altar da Catedral de Notre Dame, em Paris, essa deusa foi entronizada enquanto afirmava-se que "Deus é dispensável", dando início ao reino do terror. Mais tarde, Napoleão invadiria Roma, confiscaria os territórios do papado e levaria o papa à França como prisioneiro – era esse o tipo de turbulência.

O que aconteceu na Inglaterra com todo esse turbilhão de ideias? A resposta é: muito pouco. A Inglaterra apenas seguiu seu rumo enquanto todos enfrentavam uma revolução. Mais uma vez, uma conduta bastante característica dos ingleses. Apenas deixamos o barco correr enquanto outros países estavam sendo virados do avesso. E o barco correu mesmo! Na religião, havia uma forte aversão ao que era chamado de "entusiasmo". Hoje chamaríamos de "sensacionalismo" – é a mesma palavra. As pessoas iam à igreja e diziam: "Fora com o excesso de emoções na igreja, fora com o entusiasmo, fora com o fanatismo; apenas um bom discurso intelectual do vigário, mas sem empolgação, sem emoção, sem manifestação de qualquer sentimento". Seguramente, contudo, essa não é uma religião equilibrada; com isso a letargia e a apatia se infiltraram nas congregações. Um século antes, eles haviam lutado pela religião. Agora, apenas se sentavam no banco e bocejavam! A religião passou a pertencer à classe alta. O homem trabalhador, pobre e ignorante, simplesmente não era bem-vindo.

Quando ofereceram a posição de arcebispo da Cantuária a Butler, ele disse: "É muito tarde para salvar uma igreja agonizante. Ela terá desaparecido durante a minha vida". Essa era a condição da igreja; e quando essa é a condição espiritual, a condição moral será ainda pior.

No século 18, se quisesse fazer um passeio vespertino com sua família, você iria a Tyburn, Londres – hoje conhecido como Hyde Park Corner, próximo ao Marble Arch. Se você olhar ao redor do monumento Marble Arch, verá um triângulo de pedras cravadas na rua marcando o local onde antes havia uma forca. As pessoas iam até lá e assistiam aos enforcamentos enquanto faziam um piquenique. Era muito divertido. Crianças, mulheres, homens – qualquer um poderia ser enforcado por roubar pequenos objetos ou algumas moedas, e se você estivesse à procura de diversão, poderia ir ao Hyde Park Corner não para ouvir os discursos, mas para assistir à execução. Caso preferisse outro tipo de diversão, poderia se dirigir a uma rinha de galo e, seguramente, a maneira mais rápida de escapar de Londres e de outras áreas industriais era o bar com sua bebida acessível. Os anúncios nas ruas de Londres diziam simplesmente: "Embriague-se por um centavo, fique completamente bêbado por dois centavos. A palha para a soneca é de graça". Eu sei que um centavo realmente tinha valor naquele tempo, mas isso, obviamente, resultava nos mais absurdos excessos.

Além do excesso de bebida e dos jogos de azar, havia muitas brigas, e se você quiser estudar o que veio a ser a vida social da Inglaterra durante esse período morto, frio e intelectual, leia o livro *Tom Jones*, de Henry Fielding. Não é curioso que tenham transformado o livro em filme? A trajetória do personagem *Tom Jones* é contada novamente; uma narrativa de sua conduta imoral e permissiva, característica daqueles dias. Você também pode estudar as gravuras de *A Rake's Progress* [O progresso do libertino – em livre tradução], de William Hogarth, para ter uma ideia. Ou leia *A Vida de Samuel Johnson*, de James Boswell, se quiser ter um vislumbre da alta sociedade do século 18.

Certo autor da época resumiu tudo da seguinte forma: "Religião decadente, moral libertina, corrupção pública e linguagem profana". Essa era a condição da Inglaterra nos primeiros trinta ou quarenta anos do século 18. Não é de admirar que Edward Gibbon estivesse ocupado escrevendo *Declínio e Queda do Império Romano*. É surpreendente que não tenha escrito também sobre o declínio e a queda da sociedade inglesa. Ele o teria feito com facilidade.

O que impediu a Inglaterra de ter uma revolução? Por que os pobres não se levantaram? Por que não houve uma reviravolta total da sociedade? O que impediu a Inglaterra de enfrentar as turbulências que os Estados Unidos e a França enfrentaram? Que fator alterou o curso da nossa história? O fato é que, durante esse século, Deus "abriu a torneira de água quente". Basta de tanta frieza e intelectualidade. Deus nos enviou o sopro de avivamento. O Espírito Santo fez maravilhas na Inglaterra, das quais ainda nos beneficiamos.

O método de Deus é sempre escolher uma pessoa, enchê-la com seu Espírito Santo e capacitá-la a agir. Deus muito raramente opera por meio de comitês ou grandes grupos de pessoas. Seu método é sempre levantar pessoas para fazer o trabalho. Sempre será assim, e os que foram chamados precisam permanecer em um relacionamento apropriado com Cristo.

Do País de Gales, Deus levantou Howell Harris, Griffith Jones e Daniel Rowlan nesse século e eles mudaram o curso da história galesa.

Dos Estados Unidos, Deus levantou Theodore Frelinghuysen nesse século. Este, por sua vez, influenciou o grande pregador Jonathan Edwards e David Brainerd, um homem de oração que atuou como missionário aos índios e morreu após apenas três anos, mas mudou a história americana.

Deus levantou esses homens e estima-se que, no século 18, somente nos Estados Unidos, 300 mil pessoas tenham sido levadas ao Senhor, o que, considerando a população da época, é um avivamento e tanto, com muitos encontros em acampamentos no final do século.

No entanto, os dois países que devemos mencionar agora são primeiramente a Alemanha e depois a Inglaterra, pela relação próxima entre eles. Na Alemanha, Deus levantou o conde Nicolas Zinzendorf, dono de uma imensa propriedade na Saxônia chamada Herrnhut, onde certo dia apareceram alguns pedintes. Esses pedintes adoravam o Senhor Jesus Cristo. Era o remanescente da igreja de Jan Hus, na Boêmia e, séculos depois de Jan Hus, o grupo ainda se reunia unicamente para adorar o Senhor Jesus Cristo. Haviam sido expulsos de seu país e foram procurar o conde von Zinzendorf (convertido pouco antes) que lhes disse: "Vocês podem ficar na minha propriedade. Podem construir casas aqui. Eu os protegerei e juntos edificaremos uma comunidade cristã" – e foi o que aconteceu. Foi chamada de comunidade morávia. Eles formaram a primeira sociedade verdadeiramente missionária da Europa. Houve outras tentativas de trabalho missionário, mas esse pequeno grupo de morávios, nos primeiros anos de sua existência, enviou nada menos que 25 missionários às regiões mais distantes da terra para anunciar o evangelho de Cristo. Eles foram aos Estados Unidos e à Inglaterra. Há uma Igreja dos Irmãos

Morávios logo depois do Alexandra Palace, na região norte de Londres. É possível encontrar morávios em várias partes da Inglaterra e dos Estados Unidos e em muitas partes do mundo. O conde Zinzendorf, que deu início a esse trabalho, veio a ter profunda influência na Inglaterra através de um de seus amigos.

A propósito, se você quiser conhecer alguns hinos compostos pelo conde von Zinzendorf, aqui estão dois deles: *Jesus still lead on till our rest be won* e *Jesus, Thy blood and righteousness*[2]. O conde von Zinzendorf disse certa vez: "Tenho uma única paixão. É Jesus". Isso resume sua vida. Não surpreende que fosse o grande homem que foi.

Como Deus abriu a torneira de água quente na Inglaterra? Como ele elevou a temperatura espiritual? A resposta, novamente, é: por meio de indivíduos. Ele colocou sua mão sobre George Whitefield, um jovem que pagou seus estudos em Oxford polindo os sapatos dos alunos. Um homem talentoso e um trabalhador esforçado. Era disciplinado, mas Deus lhe disse: "Você é pecador e precisa de salvação", e após travar uma grande batalha espiritual, George Whitefield veio a conhecer o Senhor Jesus Cristo e começou a pregar. Um ano após sua conversão, ele estava pregando em Gloucester, sobre 2Coríntios 5.17: "Se alguém está em Cristo, é nova criação". Nesse sermão, ele disse as palavras que ofenderam mortalmente a maior parte de seus ouvintes: "Não importa se você foi batizado. Não importa se você recebeu água na testa em nome da Trindade. Você precisa nascer de novo!" E disse: "Eu passei pelo novo nascimento e quero que você tenha essa experiência também". Ao final de sua pregação, 17 pessoas haviam nascido de novo. Esse foi o início. Logo ele estava pregando a 30, 40 mil pessoas

---

2 NdT: Algumas versões em português incluem: *Guia-nos, Jesus, pela tua luz; Justiça e sangue de Jesus*.

reunidas. E viajou não apenas pela Inglaterra. Foi à Escócia e pregou a uma plateia de 40 mil pessoas em Edimburgo; cruzou o Atlântico 13 vezes e acabou falecendo nos Estados Unidos. Ele pregava em todos os lugares por onde passava. George Whitefield foi um dos maiores servos de Deus que a Inglaterra conheceu.

Trágico é que a maior parte de sua obra tenha desaparecido após a sua morte porque ele nunca se dedicou a acompanhar seus convertidos. A única pessoa que, de certa forma, insistiu para que ele começasse igrejas foi a condessa de Huntingdon. Se você se deparar com uma igreja com a seguinte inscrição *Countess of Huntingdon's Connexion* [Conexão da condessa de Huntingdon], estará de volta aos dias dessa senhora que contribuiu com o sustento de George Whitefield. Ao morrer, contudo, ele disse: "Sinto que meu trabalho foi uma corda de areia que desaparecerá rapidamente". Na verdade, foi o que aconteceu, e não se ouve falar de seguidores de Whitefield. Não se ouve sobre grupos que existam hoje exceto a Igreja Countess of Huntingdon's Connexion e talvez um ou outro pequeno grupo. Mesmo assim, ele levou milhares de pessoas ao Senhor. Não estou dizendo que elas se desviaram, apenas que se dirigiram para outras igrejas cristãs.

A história de John Wesley começa no pequeno vilarejo de Epworth, Lincolnshire, onde, por acaso, eu me casei, na Igreja Wesley Memorial. O ministro que celebrou nosso casamento era diretor da Antiga Reitoria que havia sido residência da família Wesley. Ali naquela reitoria, algo aconteceu, algo novo nasceu na região plana de Lincolnshire, naquela pequena ilha que se eleva até Epworth.

Os avós de John Wesley haviam sido parte dos separatistas, o que explica muito, mas seus pais eram anglicanos por convicção e serviam como vigário e sua esposa naquela pequena cidade de Epworth. Precisamos falar sobre os seus pais.

Samuel Wesley foi um homem incrível, com tendências poéticas. Passou a maior parte da vida escrevendo um poema sobre Jó que nunca foi muito popular, mas acabou transmitindo a seus filhos um dom poético. Sua mãe, Susannah Wesley, era extraordinária. Teve 19 filhos, 12 dos quais ela mesma educou! Ela os treinava a não chorar depois que tivessem um ano de idade. Quando completavam cinco anos, ela os ensinava a ler até que, no final da primeira semana, eles conseguissem ler o primeiro capítulo de Gênesis. Não sei o quanto eles compreendiam do texto nem como ela conseguiu esse feito. Não existiam as ferramentas modernas ou outras coisas para auxiliá-la. Ela dedicava uma hora por semana a cada filho para ajudá-los a crescer espiritualmente, e quando estudamos a vida de Susannah Wesley, aprendemos sobre o início do metodismo, pois esse foi o resultado.

Quando John (ou Jackie, como ela o chamava) tinha sete anos, houve um incêndio na reitoria e todos os filhos foram resgatados, exceto um – Jackie, o pequeno John. Foi um momento dramático quando o viram na janela do andar superior. Os aldeões subiram nas costas uns dos outros para resgatá-lo, e quando ele foi salvo, Susannah o apertou contra o peito e disse: "Você é um tição tirado do fogo". A partir de então, ela passou a acreditar que John seria seu filho mais conhecido, e de fato foi assim.

John foi para a escola Charterhouse e depois para a Universidade de Oxford, unindo-se a seu irmão Charles. Ali, eles formaram o que chamavam de "Clube Santo", e esse nome os definia bem, mas muitos o consideravam ofensivo e discriminatório. Às quatro da manhã, eles se levantavam para orar. Cumpriam suas obrigações de estudante durante o dia e depois visitavam os presos na cadeia. Tinham um dispensário de medicamentos por meio do qual doavam remédios aos enfermos, na tentativa desesperada de salvar a si mesmos fazendo boas obras.

Um dos membros do Clube Santo era George Whitefield, e foi ali que seus caminhos cruzaram. Esse pequeno grupo de alunos estava tentando diligentemente chegar ao céu por meio das boas obras. Eles ainda não tinham aprendido como se tornar cristãos. Eram muito metódicos na sua programação de orações, visitas à cadeia e tudo mais, e mantinham um registro de tudo o que faziam, por isso os alunos não os chamavam pelo nome Clube Santo, mas lhe deram um apelido: "metodistas!", diziam. Era um termo pejorativo, mas o apelido pegou e resistiu até os dias de hoje.

Certo dia John percebeu que o que fazia não era suficiente para Deus, então se apresentou para o ministério, como haviam feito seu pai e seu irmão antes dele. John e Charles foram ordenados pelo arcebispo da Cantuária e tornaram-se sacerdotes da Igreja Anglicana, mas ainda não eram cristãos, e por estarem cientes disso em seus corações, sentiam que o que faziam para Deus ainda não era suficiente, por isso se ofereceram para ir como missionários à Georgia, pregar aos nativos. "Com certeza, se formos como missionários, seremos salvos", eles pensaram, e partiram em busca da salvação de suas próprias almas. É possível chegar tão longe sem ser cristão? Claro que sim, e foi o que fizeram. Além de sacerdotes, eles eram missionários, mas ainda não haviam encontrado salvação para a própria alma e tentavam desesperadamente fazê-lo.

Durante a viagem, no meio do Oceano Atlântico, a embarcação enfrentou uma tempestade e eles sentiram medo. Tomados pelo pânico, acharam que aquele seria o fim. Lançaram objetos ao mar para deixar o barco mais leve, mas tudo parecia estar perdido. Entre os passageiros do navio, contudo, havia um grupo de pessoas calmas, em silêncio, orando; eram refugiados morávios de Herrnhut, que conheciam o conde von Zinzendorf. John Wesley, em suas vestes de clérigo, foi até eles e perguntou:

— Por que não estão com medo?

— Por que deveríamos ter medo? – eles responderam.

Um deles começou a perguntar a John sobre sua alma e lhe disse:

— Você sabia que Jesus é seu Salvador?

— Eu sei que ele é o Salvador do mundo – respondeu o clérigo John Wesley.

— Mas você sabe que ele é o seu Salvador?

— Sim – respondeu John. Porém naquela noite ele admitiu em seu diário que aquilo era mentira e escreveu: "Estou a caminho da Georgia para salvar a minha própria alma. Como posso salvar as almas dos indígenas?"

Ele retornou a Londres depois de três anos de triste fracasso e perguntava-se o que deveria fazer. Seu irmão, que partilhava do mesmo sentimento, também voltou, mas Deus havia colocado uma pessoa em Londres à espera de John: um homem chamado Peter Bohler. Outro morávio do conde von Zinzendorf. Peter Bohler procurou ambos e conversou com eles. Num domingo que se tornou inesquecível, John Wesley foi ao culto na Catedral de São Paulo, e na leitura bíblica daquela manhã, leu: "Você não está longe do reino de Deus".

Naquela noite, ele foi a um encontro com alguns alemães-morávios de Aldersgate Street. Hoje há um banco ali, mas uma placa foi colocada para mostrar em que local da Aldersgate Street se deu o encontro do dia 24 de maio de 1738, quando foi lido em voz alta o comentário de Lutero sobre Romanos. Eu me pergunto quantas pessoas tolerariam isso na igreja hoje – a leitura de um comentário de Romanos, em voz alta, por algumas horas. Mas quando o relógio apontou "8:45" da noite, John Wesley declarou: "Senti meu coração estranhamente aquecido. Senti que cria em Cristo, somente em Cristo, para a salvação; foi-me dada a certeza de que ele havia removido meus pecados, sim, os meus, e me salvado da lei do pecado e da morte". Naquele momento, ele teve a certeza de que era, de fato, um pecador perdoado. E lá estava ele, um missionário fracassado, um sacerdote ordenado da Igreja Anglicana. Ele havia feito todas essas boas obras pelos outros e, no entanto, não tinha a convicção do perdão de seus próprios pecados. É o que acontece quando você tenta salvar a si mesmo, quando coloca sua confiança em suas próprias obras e não na obra de Cristo, e era isso que ele não conseguia entender.

A propósito, o nome do meu filho é Richard Wesley porque além de ter nascido às 8:45 da noite de um domingo, em Lincolnshire, bem próximo de Epworth, o pai dele sempre pensou muito em John Wesley.

John partiu quase imediatamente para a Alemanha e foi visitar von Zinzendorf. Trouxe de lá muitos dos hinos compostos por Zinzendorf e os traduziu para a língua inglesa. Voltou ansioso para pregar o evangelho, e de fato o fez, mas os púlpitos se fecharam para ele. Sempre que ele pregava em uma Igreja Anglicana, ouvia logo após o sermão: "Essa foi sua primeira e última visita aqui". John Wesley foi impedido de pregar!

George Whitefield, então, sugeriu que ele pregasse ao ar livre, e John Wesley pensou que não haveria nada mais terrível para um clérigo ordenado do que a impossibilidade de pregar em um púlpito! Mas então lembrou-se do Sermão do Monte e disse: "Bem, se Cristo podia pregar em uma montanha, eu também posso", e se dirigiu a Kingswood, nos arredores de Bristol, para pregar aos trabalhadores das minas. Em seu diário, ele registrou que, enquanto pregava, lágrimas escorriam nas faces escurecidas dos ouvintes!

John Wesley percebeu que Deus o chamava para um ministério semelhante ao de George Whitefield, que estava de partida para os Estados Unidos. Ele deu prosseguimento à pregação de George Whitefield. Foi em abril de 1739 que começou a pregar ao ar livre. No entanto, enfrentou oposição. Chegou a ser arrastado pelas ruas, puxado pelos cabelos, como nas rebeliões de Wednesbury, mas, por cinquenta anos, ele viajou cerca de 400 mil quilômetros montado em um cavalo, levando nas mãos a sua Bíblia. Chegava a um vilarejo e fazia desta forma: começava pregando sobre os Dez Mandamentos, a lei segundo a qual todos serão julgados, e continuava a pregar sobre a lei por vários dias, até que os ouvintes começassem a parecer descontentes ou perturbados. Então, quando percebia que eles começavam a entender que eram pecadores, John conta em seu diário: "Comecei a mesclar um pouco do amor e da lei de Deus, um pouco disso e um pouco daquilo até que, finalmente, eu estava pregando o evangelho do amor de Deus".

Wesley descobriu que não é possível pregar sobre o amor de Deus antes de pregar sobre sua lei; que não faz sentido pregar sobre o Salvador até que tivesse pregado sobre o pecado. Que conforto o Salvador pode trazer àqueles que nunca sentiram pesar? Essa era uma marca de seu ministério.

Tenha em mente a cena inusitada e curiosa de um clérigo da Igreja Anglicana, ainda com suas vestimentas, em pé, ao ar livre, no centro de um vilarejo, pregando dessa forma. Algo semelhante nunca havia sido visto, mas era assim que Wesley alcançava os trabalhadores.

Seus três centros eram Londres, Bristol e Newcastle, e por todo esse "triângulo" você encontrará os locais onde John Wesley pregou. Seu último sermão foi em Leatherhead, Surrey, onde hoje há uma placa comemorativa na prefeitura local.

Ele pregava em todos os lugares, partindo do seguinte princípio: "O mundo é minha paróquia". Talvez haja alguma verdade na sugestão de que seu casamento infeliz lhe servia de pretexto para viajar e se manter em movimento. Essa era a única área sombria de sua vida, mas mesmo assim são muitos os que se sentem gratos pelas viagens constantes de John. Sua vida era viajar e pregar. Fazer isso nos sete dias da semana era algo normal.

Além de pregar, ele escrevia, chegando a publicar livros e panfletos. Começou escolas e orfanatos. Abriu dispensários de medicamentos. Foi o primeiro a usar o tratamento elétrico para o reumatismo; era um equipamento capaz de produzir energia elétrica suficiente para matar uma pessoa, mas que ele usava para tratar o reumatismo! É possível ver esse equipamento hoje, em City Road, na casa onde Wesley morou.

Ele atuava em muitas frentes, e logo ficou claro que não poderia fazer tudo isso sozinho, mas o problema era o número reduzido de clérigos disponíveis para auxiliá-lo, então sua mãe teve uma ideia. Ela disse: "E os pregadores não ordenados, leigos, pregadores locais que não viajam como você, mas podem pregar localmente?"

No primeiro grupo de seis pessoas estava John Pawson – sua esposa Frances foi uma das mulheres metodistas que se destacaram na época –, portanto suponho que nossas afinidades venham de longa data! Com uma equipe, então, a resposta de John Wesley à sua mãe foi: "Precisamos de uma centena de homens assim. Vamos incendiar a Inglaterra!", e de fato assim fizeram. Quando ele morreu, 80 mil pessoas se reuniam em congregações como resultado de suas viagens.

John Wesley não fez o que George Whitefield fez, ou melhor, ele fez o que George Whitefield não havia feito. Wesley reunia os convertidos em grupos pequenos, principalmente porque as igrejas locais não os aceitavam. Assim, ele os organizava não em igrejas, mas no que chamava de "sociedades" – sociedades metodistas. Designava líderes cujo trabalho era orientá-los espiritualmente. Depois, quando tivesse um certo número de sociedades em um distrito, ele chamava o distrito de "circuito", pois um pregador local poderia percorrê-lo a cavalo uma vez por mês, pregando a palavra em cada lugar.

Esse tipo de estrutura ainda é usado hoje, embora eu não a considere apropriada para os nossos dias. Fazer uso do cavalo foi uma ideia muito boa e, para o tipo de cenário em que ele estava, aquele era um modelo ideal de organização. Portanto, ele estruturava aqueles convertidos em uma organização.

Tenha em mente que, durante todo esse tempo, John Wesley era um clérigo da Igreja Anglicana. O que pensavam a seu respeito? Bem, receio que não tivessem uma imagem positiva dele, especialmente quando ele ordenou ministros para irem aos Estados Unidos! Embora ele nunca tenha deixado a Igreja Anglicana, era evidente que, assim que ele morresse, as sociedades metodistas se tornariam Igrejas Metodistas, e foi o que aconteceu – a divisão aconteceu logo após a sua morte. Mas acho que John Wesley foi responsável por isso ou, pelo menos, fez tudo o que podia ser feito para que a separação acontecesse, e gosto da observação feita a seu respeito: "John Wesley era como um homem remando um barco. Ele mantinha seu rosto voltado para a Igreja Anglicana, mas cada impulso de seus remos o afastava ainda mais dela".

No final do século 18, portanto, havia um grande grupo de metodistas, além dos anglicanos, dos presbiterianos e dos congregacionais, dos batistas e dos amigos [*quakers*], e foi permitido aos católicos que também retornassem, e assim começamos a formar o cenário dos nossos dias. Mas vamos deixar John Wesley e olhar para outro grande homem do final do século. Em 1799, chegou à Universidade de Cambridge um jovem dissoluto, chamado Charles Simeon. Dado à caça, às armas e à pesca, era um jovem alegre, e quando chegou a Cambridge foi confrontado com sua própria vida, passou por uma batalha espiritual e dela resultou um sentimento de perdão. Em suas palavras: "Depositei meus pecados sobre a cabeça de Jesus". Pouco tempo depois, ele foi ordenado ao ministério e, com apenas 23 anos, ocupou a posição de vigário da Igreja da Santíssima Trindade, onde tive o privilégio de pregar. Ali, na sacristia, ainda é possível ver sua chaleira, seu guarda-chuva e algumas fotos suas. Quando Simeon pregava, a igreja ficava lotada; era muito grande sua influência sobre os alunos. Foi de sua congregação que o jovem Henry Martyn partiu para morrer na Pérsia como um dos maiores missionários que já existiu. Charles Simeon deve ser colocado na grande lista de heróis deste século.

Considere alguns resultados práticos disso. As pessoas costumam dizer: "Qual é o sentido de pregar o evangelho e cantar hinos? O que precisamos é de pessoas que tomem a iniciativa e façam deste mundo um lugar melhor. Todo esse evangelismo e falatório não traz bem algum". O século 18 desmente isso. Os resultados do avivamento ocorrido naquele século foram muito práticos. Em primeiro lugar, é um resultado que o mundo não apreciaria, mas que os cristãos têm apreciado desde então.

O SÉCULO EXPLODE EM CANTO
[versões em português nas notas de rodapé]
Pense em alguns conhecidos hinos de Isaac Watts: *I'll praise my Maker; O God, our help in ages past; When I survey the wondrous cross; Jesus shall reign where'er the sun; Come let us join our cheerful songs; Sweet is the work, my God, my King; I'm not ashamed to own my Lord; Give me the wings of faith to rise.* Lembre-se também de Philip Doddridge: *Hark the glad sound, the Saviour comes; O God of Bethel, by Whose hand; O happy day that fixed my choice.* William Cowper: *God moves in a mysterious way; There is a fountain filled with blood; Jesus, where'er Thy people meet; Sometimes a light surprises.* John Newton: *How sweet the*

name of Jesus sounds; Glorious things of Thee are spoken; Begone, unbelief.

E acima de todos eles está Charles Wesley, irmão de John, que compôs seis mil hinos para todas as situações imagináveis. Dois dos mais extraordinários são, em primeiro lugar, o hino para ser cantado quando um jovem deixa sua casa pela primeira vez; e segundo, o belíssimo hino para uma mulher em trabalho de parto, pois leva seus pensamentos ao Senhor enquanto ela dá à luz seu filho. Charles compunha hinos enquanto viajava a cavalo, e ao chegar em uma casa, dizia: "Não fale comigo. Dê-me lápis e papel, rápido". E registrava as palavras que resultariam em um hino. No primeiro aniversário de sua conversão, Peter Bohler, o alemão-morávio, disse a Charles Wesley: "Se eu tivesse mil línguas eu desejaria cantar louvando a Cristo", e o resultado foi um cântico que leva esse nome. Veja alguns outros: *Ye servants of God, your Master proclaim; Hark, the herald angels sing; Christ the Lord is risen today; Rejoice, the Lord is King; Lord from whom all blessings flow; And can it be that I should gain...?; Jesus, Lover of my soul; A charge to keep I have; Soldiers of Christ, arise; O Thou who camest from above; Love divine, all loves excelling; O for a heart to praise my God*. Você descobrirá que há mais hinos de Charles Wesley do que de qualquer outro autor, e Isaac Watts vem em segundo lugar. Finalmente, James Montgomery: *Prayer is the soul's sincere desire; Stand up and bless the Lord.* O século 18 foi um século de música. Quando as pessoas começam a ser salvas, seu desejo é cantar, e nenhum outro século contribuiu tanto para a composição de hinos.[3]

---

3 NdT: Nem todas as composições têm as respectivas versões em português; algumas versões encontradas em hinários também podem variar: **Isaac Watts:** *Louvarei ao meu Criador; Ó Deus eterno ajudador; Ao contemplar a tua cruz; Cristo Jesus há de reinar.* **Phillip Doddrige:**

ESCOLAS DOMINICAIS

Gostaria de saber o que você responderia se eu lhe perguntasse quem idealizou e começou as Escolas Dominicais. Se você tem algum conhecimento, provavelmente diria "Robert Raikes", de Gloucester, e eu lhe diria que essa não é a resposta certa. As Escolas Dominicais começaram com Hannah Ball, de High Wycombe, na Inglaterra; uma senhora metodista cuja sepultura se encontra no cemitério de Stokenchurch. Hannah Ball começou as Escolas Dominicais em uma antiga fábrica de móveis, em resposta a uma correspondência com John Wesley. Foi Hannah quem sugeriu a Robert Raikes: "Por que você não faz o mesmo?", e o incrível é que há uma estátua de Robert Raikes em Gloucester com a inscrição: "Fundador das Escolas Dominicais".

Bem, em Gloucester, no ano de 1870, Robert Raikes copiou de Hannah Ball a ideia das Escolas Dominicais, anos depois de Hannah tê-la colocado em prática.[4]

No livro *Early Methodist Women*, sobre as primeiras mulheres metodistas, Frances Pawson e Hannah Ball estão lado a lado!

Ditoso dia; A graça doce é, conforta o coração. **William Cowper:** *Ó Deus, todos os teus dons; Cristo, preso, me soltou; Não viver sem tua cruz meu prazer na terra é; Deus nos suprirá; Deus é misterioso, faz coisas colossais; Onde nos reunimos, há misericórdia ali.* **John Newton:** *Quão doce o nome de Jesus ressoa ao que crê!; Maravilhosa graça; Calma, aflito coração; Por que temer escuridão?* **Charles Wesley:** *Cantam hostes celestiais; Cristo já ressuscitou, aleluia!; Mil línguas eu quisera ter; Jesus encheu meu coração; Senhor, com fogo santo vem; Um coração que louva a Deus.* **James Montgomery:** *A oração, desejo meu; Ó Jesus, suplica a Deus Pai por mim.*

4 Se você quiser conhecer o túmulo dela, fica do lado direito de quem entra no cemitério Stokenchurch.

JUSTIÇA SOCIAL

Pessoas que se convertem a Cristo acabam endireitando a sociedade. Estas são algumas das consequências: alívio da pobreza, dispensários de medicamentos gratuitos, orfanatos, escolas, reforma prisional. O trabalho de John Howard na reforma prisional é resultado direto do avivamento do século 18.

O exemplo mais extraordinário é William Wilberforce e sua luta contra a escravidão. A última carta escrita por John Wesley foi dirigida a Wilberforce, insistindo para que ele prosseguisse com sua luta. Se um dia você for à cidade portuária de Kingston-upon-Hull, visite o William Wilberforce Museum. É um fruto do avivamento.

BOA LITERATURA

Outra consequência do século 18 foi a tremenda difusão de boa literatura. A Sociedade de Tratados Religiosos foi um resultado direto, assim como a Sociedade Bíblica Britânica e Estrangeira, bem como os Comentários de Thomas Scott, um grande professor da Bíblia.

SOCIEDADES MISSIONÁRIAS

O último efeito do século 18 que quero mencionar é o início das sociedades missionárias e a difusão da influência positiva da Inglaterra sobre o mundo. Algumas tentativas de trabalho missionário já haviam sido feitas, mas no final do século 18, com a elevação da temperatura social, a obra começou de fato.

Em 1792, foi formada a Sociedade Missionária Batista. Um batista foi quem, de fato, colocou todo o trabalho em movimento. William Carey, um sapateiro de Northampton, construiu um globo com sobras do couro usado nos sapatos e orava pelo mundo, principalmente pela Índia. Esse sapateiro de Northampton, convertido e encorajado a ser um pregador nas igrejas batistas de Northamptonshire, foi quem se uniu a outras pessoas em Kettering, em 1792 e, com o conhecido valor arrecadado de 13 *pounds*, 2 *shillings* e 6 *pennies* [algo em torno de 80 reais], uma quantia considerável na época, deu início à Sociedade Missionária Batista. Um ano depois, eles estavam a caminho da Índia para iniciar a grande obra missionária que se seguiu. Isso aconteceu em 1792. Três anos depois, os anglicanos, os congregacionais e os presbiterianos, para não ficarem atrás, se uniram e fundaram a Sociedade Missionária de Londres, que enviou Morrison à China, Livingstone à África e muitos outros missionários conhecidos.

Em 1796, para não perder terreno, os metodistas fundaram a Sociedade Missionária Metodista Geral. Em 1799, os anglicanos decidiram ter a sua própria organização e a Sociedade Missionária Eclesiástica foi fundada, exatamente no período da fundação da Sociedade Bíblica Britânica e Estrangeira.

Tudo isso ocorreu no final do século e foi resultado direto do avivamento evangélico. Quem disse que a evangelização fervorosa não alcança resultados? Quem disse que o mundo não é transformado por pessoas entusiasmadas pelo Senhor e o evangelho? A principal lição que extraio de todo esse século é: a fé de um homem afetará sua conduta. O intelectualismo frio resulta em uma moral maligna. A evangelização fervorosa resulta em tudo o que citamos acima, e alguém afirmou que os primeiros metodistas eram como delicadas gotas de neve brancas brotando em um monte de lixo. Se você quer entender a ênfase dos metodistas na proibição do álcool e dos jogos de azar, deve ter em mente que a tradição diz respeito à realidade do século 18, e que eles precisavam insistir nela para reaproximar o homem do Senhor. Essas pessoas lutaram e purificaram a Inglaterra.

ONDE ESTEVE O CORPO NOS ÚLTIMOS DOIS MIL ANOS?

Um historiador francês afirmou que para entender por que a Revolução Francesa e a consequente anarquia e entronização da Razão que se seguiram na França não tomaram conta da Inglaterra, é preciso estudar a vida de John Wesley. É um extraordinário tributo. Deus tinha sua resposta mesmo quando a fria razão humana afirmava que tudo deve ser comprovado para que se possa crer e isso estava matando a religião. E quando a religião morre, a moral é destruída. Quem afirma "Deus não existe" logo dirá "a bondade não existe".

Deus levantou homens que apontavam para a revelação, que apontavam para o conhecimento a nós concedido por Deus que a ciência não pode comprovar nem refutar, e eles pregavam um evangelho dos milagres sobrenaturais, de um *Deus vivo* que poderia intervir e mudar uma vida e toda uma sociedade, que a criação e a natureza humana não eram governadas por leis, mas que ambas eram governadas por Deus, e esse Deus podia controlar ambas para seus propósitos eternos. Essa é uma mensagem que todos nós precisamos aprender. Grandes homens de Deus trouxeram o fervor novamente para as pessoas, anunciando o evangelho de Jesus Cristo a esta terra, e ainda nos beneficiamos dos efeitos desse avivamento.

9

O SÉCULO 19
- PARTE 1 -
(1800-1850 d.C.)

Por volta de 1800, dois processos aconteciam entre o povo da Inglaterra. O primeiro é o grande êxodo do campo para as cidades. A Revolução Industrial estava em andamento. O motor a vapor havia sido inventado e isso concentraria os ingleses em cidades e colocaria todos em condições de trabalho e moradia que eram absolutamente medonhas. Foi no período de 1800 a 1850 que Charles Dickens publicou *The Pickwick Papers* e, se ler esse livro, você terá uma ideia das condições da prisão civil e da vida social daquela era. A Grã-Bretanha começava a construir seus "tenebrosos moinhos satânicos" na terra "verde e agradável da Inglaterra".[1]

O segundo processo em andamento naquele período era que, além do êxodo rural para a zona urbana, a população crescia rapidamente. Lembre-se que, em 1800, havia cinco milhões de pessoas na Inglaterra. O país era tão populoso na época que um clérigo chamado Thomas Malthus disse em sua obra *An Essay on the Principle of Population* [Um ensaio sobre o princípio da população – em livre tradução]

---

1 NdT: Tradução literal de partes do poema *Jerusalem*, de William Blake.

de 1800: "A Inglaterra não tem alimento suficiente para todas essas pessoas. O que podemos fazer? Não podemos aumentar a quantidade de comida, portanto é preciso descobrir uma forma de diminuir a população". Ele rejeitava os métodos contraceptivos e dizia que a única solução era que as pessoas se casassem tarde e não houvesse benefícios sociais ou ajuda para famílias numerosas. No final desse período, havia nove milhões de pessoas na Grã-Bretanha.

No entanto, tudo acontecia no campo da mente ou, talvez, no campo das emoções. Já observamos que o século 18 começou com um movimento chamado "racionalismo", que era frio e "mental". O século 19, contudo, reagiu a isso, o pêndulo oscilou na outra direção e o novo século começou com uma mudança de ares que foi chamada de Romantismo. Esse movimento provocou três desdobramentos. O primeiro foi que as pessoas começaram a se interessar muito mais por seus sentimentos. O interesse principal deixava de ser o "pensamento" e passava a ser os "sentimentos". Se eu mencionar alguns dos romances que foram escritos nesses cinquenta anos, você vai entender a mensagem. Jane Austen escreveu *Orgulho e Preconceito*; Victor Hugo escreveu *O Corcunda de Notre Dame*; Thackeray escreveu *Vanity Fair*. As irmãs Brontë escreviam em Haworth, Yorkshire; Charlotte Brontë é autora de *Jane Eyre* e Emily escreveu a incrível história de *O Morro dos Ventos Uivantes*, obra que foi seguida por *As Torres de Barchester*, de Anthony Trollope e por muitos outros romances. As histórias abordavam o romance, o amor, os sentimentos que as pessoas têm umas pelas outras, e assim começou o Romantismo.

Se o primeiro desdobramento foi um retorno aos "sentimentos", o segundo, consequência desse, foi um retorno à história. As pessoas sentiam que haviam manifestado um excessivo desprezo pelo passado, que todas essas novas ideias, a Revolução Francesa e a Declaração de

Independência dos Estados Unidos, todas essas mudanças haviam sido, em grande parte, uma mudança de pensamento, mas os sentimentos remontam ao passado. É estranho: é possível mudar a mente de uma pessoa com razoável rapidez, mas não é possível mudar seu coração muito rapidamente, e uma pessoa pode sentir que uma mudança é positiva e necessária, mas seu coração talvez diga: "Não vou seguir nessa direção. Estou muito apegado ao passado". Ao redescobrirem o coração, eles redescobriram a história e começaram a mergulhar novamente no passado e a escrever livros sobre o passado, alguns ficcionais e outros factuais.

Sir Walter Scott estava ocupado escrevendo *Ivanhoé*; Alexandre Dumas começava a escrever *Os Três Mosqueteiros* e *O Conde de Monte Cristo*; Thomas Macaulay se dedicava à obra *The History of England* [A história da Inglaterra – em livre tradução] e R.D. Blackmore estava escrevendo *Lorna Doone*. São todos livros históricos e foi assim que surgiram os grandes romances históricos. O romance parecia nos levar de volta ao passado. Chamamos isso de sentimento. Você gosta de retornar à casa onde passou sua infância? Gosta de visitar os lugares que conheceu tempos atrás? Isso é um sentimento do coração. Para o pensamento e a razão, o saudosismo não faz sentido, ao passo que atitudes saudosistas de voltar e rever alguns lugares agradam ao coração. Eu sou um sentimental incurável exatamente assim. Gosto muito de voltar e rever lugares que já conheci ou coisas conectadas com o passado. A mente concentra-se no futuro, mas o coração volta-se para o passado.

O terceiro desdobramento foi a recondução da mente das pessoas de volta à religião, pois a religião que é puramente racional é muito rígida e fria; mas uma religião do coração enriquece. Alguns dos hinos que foram compostos nesse período realmente tocam o coração. *Abide with me, fast falls the eventide* [Comigo habita, pois a noite vem!] é o hino mais representativo do Romantismo. Se existe um hino que toca sentimentos profundos, é esse, cantado ainda hoje em partidas de futebol. Isso porque no fundo, as pessoas são românticas; no fundo, elas são sentimentais; no fundo, amam os sentimentos; e bem lá no fundo, um hino assim mexe com esses sentimentos.

Tudo isso contribuiu para o crescimento da religião nos primeiros cinquenta anos do século 19. Todas as várias entidades e movimentos que até agora trouxemos à cena ao longo da história, os anglicanos, os metodistas, os batistas, os congregacionais, os amigos [*quakers*] e outros, se alastravam como fogo, especialmente os separatistas. Eles logo superaram a Igreja Anglicana em crescimento, e os 5% de fiéis separatistas em 1800 chegaram a 50% em 1850. O século 19 foi o grande século dos separatistas e das igrejas livres, particularmente os metodistas, seguidos logo atrás pelos batistas. Foi a grande era das igrejas livres, dos *Dissenters* [dissidentes] como também eram chamados na Escócia. No entanto, além de crescerem, eles também estavam se dividindo; e posso aprender com a história da igreja que em um período de crescimento e expansão, as igrejas se dividem, mas o discurso da união surge em períodos em que elas estão em declínio.

Isso pode parecer errado e quero que você reflita. Um organismo vivo cresce por meio da divisão. Aprendi essa lição de biologia no laboratório, mas a maioria das divisões ocorre justamente nos lugares em que a igreja está em crescimento, ao passo que a igreja busca a união quando está em declínio. Não vou justificar as divisões com base nisso, mas apenas aponto como um fato. Isso pode se aplicar a igrejas locais: quanto maior a igreja fica, menos ela cresce; quanto mais ela se divide, maior seu crescimento. Portanto, foi por meio da divisão que a igreja se expandiu ao longo dos séculos. Mas apesar das divisões que ocorreram – a

O SÉCULO 19 - PARTE 1 (1800-1850 d.C.)

Igreja Metodista se dividiu em pelo menos três grandes grupos durante esse período, a Igreja da Escócia se dividiu em duas, assim como muitas outras – havia o sentimento: "Ainda assim, estaremos conectados uns aos outros".

Foi durante esses cinquenta anos que seis igrejas batistas se uniram e formaram a União Batista. Várias sociedades surgiram de forma desvinculada das denominações, porém convergente. George Williams, assistente de uma confecção de cortinas, decidiu iniciar um novo movimento para ganhar jovens para Cristo e o chamou de "The Young Men's Christian Association" – a YMCA [Associação Cristã de Moços], que se espalhou por todo o mundo. Tenha em mente que, nessa época, uma das condições para que você pudesse ingressar ou até mesmo usar as instalações da associação era mostrar evidências claras de ter nascido de novo em Cristo – o "C" do nome da Associação Cristã de Moços era muito enfatizado, muito mais do que nos dias de hoje.

Essa foi também a grande era das missões protestantes. Aconteceu durante todo o século 19, mas a diferença é que, na primeira metade do século, a obra missionária foi conduzida por denominações, ao passo que, na segunda metade do século, foi liderada pelas sociedades missionárias interdenominacionais, principalmente após a fundação da Missão para o Interior da China, por Hudson Taylor, em 1865, que criou um novo padrão de sociedades missionárias.

No período de 1800-1850, quando ainda era predominantemente denominacional, surgiram grandes missionários como Henry Martin, que decidiu não se casar com uma jovem cristã extraordinária por quem estava apaixonado para que pudesse ser enviado como missionário, pois ele sabia que não poderia levá-la para onde iria e para onde o Senhor o havia chamado. Deixando-a para trás, partiu para a Índia, traduziu para a língua hindu o Novo Testamento e o Livro de Oração Comum, em seguida rumou para a Pérsia onde morreu, aos 31 anos de idade. Podemos dizer que ele foi um "grande" cristão.

Nessa metade do século, em Blantyre, Escócia, nasceu David Livingstone, que, quando veio a conhecer a Cristo, declarou: "Serei um missionário para Cristo na China". Você sabia que David Livingstone originalmente pretendia ir para a China? Mas Deus nem sempre permite que nossos planos se concretizem, e enviou David Livingstone a Robert Moffat, um grande missionário na África do Sul que estava traduzindo a Bíblia para as línguas tribais. Para completar, Livingstone se casou com a filha de Robert Moffat e, então, durante aproximadamente quinze anos, abriu as áreas desoladas do planalto africano, abrindo o caminho para que os missionários entrassem e anunciassem o evangelho.

Essa foi a era de Alexander Duff, o grande missionário escocês que partiu para a Índia em 1829. De Samuel Marsden, que foi para a Austrália e Nova Zelândia. Surpreendente, não é? Hoje não pensamos nesses lugares como campos missionários, mas já foram. Esse foi o tempo em que Robert Morrison foi à China com a Sociedade Missionária de Londres e produziu um dicionário e uma Bíblia em chinês.

Portanto, foi um tempo em que houve crescimento não apenas na igreja local, mas também na igreja internacional.

Essa também foi a grande era da composição de hinos – Wesley, Watts e outros que mencionamos anteriormente, mas, na verdade, a onda de composição de hinos espalhou-se por todo o século 19. Se o século 18 chama a atenção pela qualidade de seus hinos, o século 19 ficou conhecido pela quantidade de composições.

Em vinte anos, 42 hinários foram publicados e usados em todas as denominações exceto a Igreja Anglicana, onde ainda era ilegal cantar hinos! Certo homem publicou um hinário, o levou para ser usado em sua igreja e acabou sendo repreendido pelo bispo. Disse-lhe o bispo: "Veja bem, você não deveria ter feito isso. Isso não será bem-visto pelo pessoal lá de cima. Deixe-me publicar o livro em meu nome e talvez não haja problema". E assim fez o bondoso bispo: publicou o hinário em seu nome e desde então recebe os créditos por ele. Foi o bispo anglicano Heber, de Calcutá, quem começou a tradição dos hinos para a Igreja Anglicana, e esses são alguns dos que ele compôs: *Brightest and best of the sons of the morning; Holy, Holy, Holy, Lord God Almighty; The Son of God goes forth to war*.

Foi durante esse tempo que soubemos que as mulheres estavam compondo hinos: Harriet Auber compôs *Our blest Redeemer, e'er He breathed His tender last farewell*, e Charlotte Elliot é a autora do hino que, acredito, tenha se tornado o mais conhecido daquele século: *Just as I am without one plea*.[2]

Marshman, um missionário batista que viajou com William Carey, traduzia para o inglês os hinos em hindi compostos por cristãos indianos e os enviava para casa, então começamos a cantar hinos que vinham de outros países. Um deles foi *O Thou my soul*, hino de Krishna Pal.

Houve muitos outros compositores de hinos. Um homem chamado Thomas Cotteril compôs *Hail the day that sees Him rise*. Henry Francis Lyte, vigário de Brixham, em Devon, compôs *Praise, my soul, the King of heaven*, além de *Abide with me*. John Greenleaf Whittier é o autor de *Dear Lord and Father of mankind; Immortal Love for ever full;* e *Dear Lord and Master of us all*. Ele era um jovem do campo que ouviu um mascate escocês cantando os hinos compostos por Robbie Burns, e isso o inspirou a começar a compor. Seu

---

2 NdT: **Reginald Heber:** *De todo continente, de todas as nações; Santo, Santo, Santo, Deus Onipotente!; O Filho à batalha vai.* **Harriet Auber:** *O Redentor, fiel e bom, um dia prometeu.* **Charlotte Elliot:** *Cordeiro eterno, eu venho a Ti!*

relacionamento com os *quakers* o fazia lamentar os duzentos anos de silêncio nos quais os *quakers* foram proibidos de entoar cânticos. Sua intenção ao compor seus hinos era tentar resgatar esse canto. Ele não atingiu seu objetivo, mas, mesmo assim, temos seus hinos e nos alegramos por isso. Um homem chamado Josiah Conder compôs hinos como *The Lord's King*! e muitos outros. J. Anstice, que viveu apenas 28 breves anos, compôs *O Lord how happy should we be if we could cast our care on Thee*.[3]

Esses hinos nos ajudam a adorar a Deus e surgiram nesse período da história, quando os homens buscavam a face do Senhor.

A obra social que teve início no século 18 chegava ao auge e agora quero falar sobre as condições terríveis em que muitas pessoas viviam. Vejamos primeiramente a questão da escravidão. William Wilberforce lutava contra a escravidão porque era cristão.

O livro de William Wilberforce que insisto para que leiam não trata de forma alguma da escravidão física, mas da escravidão espiritual ao pecado. É o melhor livro que li sobre o tema. Foi por preocupar-se em libertar as almas dos homens que Wilberforce também se importava com seus corpos. Depois de lutar muito, em 1807 ele finalmente persuadiu o primeiro-ministro William Pitt a promover um projeto de lei para abolir a escravidão nos territórios britânicos. Foram mais de vinte e seis anos até que a escravidão fosse abolida por completo, mas William Wilberforce viveu para presenciar o acontecimento e declarou: "Graças a Deus por ter permitido que eu vivesse para ver o dia em que a Inglaterra estaria disposta a dar vinte milhões de libras esterlinas pela abolição da escravidão". Foi o preço que

---

3 NdT: **Henry Francis Lyte:** *Comigo habita, pois a noite vem.* **Josiah Conder:** *És a Palavra eternal; Como Te seguirei, Senhor?*

pagamos. Se você conseguir imaginar o valor dessa soma naqueles dias, entenderá por que as mentes comerciais da Grã-Bretanha tanto se opuseram a Wilberforce.

Outra área social na qual os cristãos estiveram na vanguarda foi a da reforma do ambiente de trabalho. Esse pensamento me veio à mente quando minha filha tinha dez anos de idade e, ao pensar nela, eu me lembrei que em 1800, crianças de sete anos de idade eram obrigadas a trabalhar das cinco da manhã até as dez horas da noite com um intervalo de trinta minutos ao meio-dia. Eu não gostaria de ver minha filha de dez anos trabalhando em uma fábrica nem mesmo a metade desse tempo, e sei que você também não. Devemos à consciência cristã o fato de que nossos filhos não precisam fazê-lo.

Imagine: crianças de cinco anos de idade nas minas de carvão, sentadas por doze horas, abrindo e fechando as portas de ventilação enquanto as carroças eram puxadas cheias de carvão! Cinco anos de idade! Mulheres e crianças nuas, acorrentadas a vagões de carvão, puxando-os para frente e para trás na escuridão, até que seus joelhos sangrassem ou ficassem endurecidos como os dos camelos. Assim foi o início de 1800. Era esse o mundo da Inglaterra naqueles dias. Era esse o mundo em que meninos eram enfiados nas chaminés para limpá-las por dentro, e Charles Kingsley protestou contra isso em seu livro *The Water Babies*.

Esse era o mundo em que não existiam cuidados com a saúde, nem inspetores de fábricas, nem qualquer lei que limitasse as horas de trabalho para qualquer pessoa, e restou a um homem chamado Anthony Ashley Cooper, posteriormente Lorde Shaftesbury, fazer algo a respeito. Ele pertencia ao Tory – um antigo partido de tendência conservadora do Reino Unido. Nascido na aristocracia, era rico e foi estudar em Harrow. Certo dia, voltando da escola para casa, presenciou o funeral de um mendigo.

Viu um grupo de homens embriagados e cambaleantes carregando um caixão; eles irromperam em risadas depois de tropeçarem e derrubarem o caixão, que se abriu diante de todos. Anthony Ashley Cooper jamais se esqueceu disso e por ser, já naquela época, crente no Senhor Jesus, ele disse: "Senhor, dedicarei a minha vida aos pobres desta terra se tu me mostrares como fazê-lo".

Muitos anos se passaram antes que essa oração fosse respondida, mas ela foi atendida e, em 1842, Lorde Shaftesbury apresentou um projeto de lei no Parlamento, proibindo mulheres e meninas de descerem às minas de carvão e estabelecendo a idade de meninos trabalhadores acima de treze anos. Alguns anos depois, ele apresentou a conhecida *Ten Hour Bill* [lei da jornada de dez horas] que limitava o trabalho na fábrica a dez horas e proibia a contratação de crianças abaixo de nove anos de idade, estabelecendo o limite máximo de doze horas de trabalho. Esse foi Lorde Shaftesbury, um cristão, que no topo de cada página escrevia sempre essas palavras: "Ora vem, Senhor Jesus!" Foi a segunda vinda do nosso Senhor que inspirou suas ações. Esses também foram os dias da reforma prisional à qual os nomes de Elizabeth Fry e John Howard estarão para sempre associados, e esses foram os dias do início da educação para todos na Inglaterra. Tenha em mente que, em 1800, nossos filhos dificilmente teriam alguma chance de ir à escola. Era preciso ser muito rico. Era preciso ser bem-nascido para obter essa educação, mas durante esses cinquenta anos, os cristãos (tomem nota disso – os cristãos) perceberam o perigo do analfabetismo e lutaram para erradicá-lo.

Em 1811, formaram a Sociedade Nacional para a Educação, e três anos depois, para não ficarem para trás, os não conformistas começaram a British and Foreign School

Society [Sociedade da Escola Britânica e Estrangeira], que deu início às escolas da Inglaterra.

Naquele tempo, acreditava-se que a educação não deveria estar nas mãos do Estado, mas sim, da igreja, e assim começaram as escolas. Foi somente em 1870 que o Estado assumiu o controle e pediu às igrejas que renunciassem a suas escolas, algo que as igrejas livres fizeram inteiramente, a Igreja Anglicana fez em parte e a Igreja Católica Romana se recusou a fazer. Sabemos que, antes disso, os cristãos já levavam a educação a meninos e meninas comuns da Inglaterra. A Escócia, é claro, já estava muito à frente, como sempre esteve no que se refere à educação, e John Knox já havia determinado que houvesse uma escola e uma igreja em cada paróquia.

Os cristãos estavam empenhados em acabar com o comércio de ópio. Os cristãos estavam decididos a eliminar a punição por açoites nas Forças Armadas. A consciência cristã engajou-se em reformas sociais como essas.

O que aconteceu na Igreja Anglicana durante esses cinquenta anos? Ela enfrentou situações transformadoras que continuaram a afetá-la ainda no século 20. Tamanha foi a importância desse período, que um fato ocorrido em 1830 acabou arruinando a tentativa de unir anglicanos e metodistas em 1967.

Concluímos a história anteriormente com essa situação na Igreja Anglicana por volta de 1800: havia três grupos – *Low* [igreja baixa], *Broad* [igreja ampla] e *High* [igreja alta] – ou para associá-las aos correspondentes segmentos: evangélico, latitudinário e católico. A "igreja baixa" era formada por evangélicos e baseava-se na Bíblia e nos 39 artigos. A "igreja ampla" não se prendia a crenças e estava começando a pregar todo tipo de filosofia e opinião humana. A "igreja alta" buscava resgatar as práticas católicas que marcaram a igreja antes da Reforma.

A igreja baixa, ou os evangélicos, eram fortes em reparações. Algo que tinha partes boas e uma delas era Cambridge, onde o irrepreensível Charles Simeon ainda pregava e atraia multidões para a Igreja da Santíssima Trindade. Os anglicanos evangélicos estavam crescendo, mas não constituíam, de forma alguma, a maioria. Dentro dessas reparações havia dois grupos que teriam uma profunda influência – um deles hoje está extinto e o outro ainda se reúne. Um grupo de leigos e um grupo de clérigos. O grupo de leigos era conhecido como Seita Clapham, pois se reuniam em Clapham. A esse grupo pertenciam William Wilberforce, John Thornton, que se tornou o primeiro tesoureiro da Sociedade Bíblica Britânica e Estrangeira, Zachary Macaulay e muitos outros ingleses conhecidos.

A princípio, eles se reuniam nos lares para oração e estudo bíblico, e a partir disso desenvolveram uma consciência social, e a Seita Clapham teve uma profunda influência na vida da Inglaterra, pois eles agiam por meio do Parlamento para extirpar os males da sociedade inglesa.

O outro grupo da Igreja Anglicana no segmento evangélico era chamado de Conferência Clerical de Islington. Eles se reúnem todos os anos desde a primeira metade do século 19. Procuram alinhar a Igreja Anglicana ao pensamento evangélico.

Chegamos então à igreja ampla que, embora fosse o grupo majoritário, não ia bem. A religião estava morta, não avançava porque não havia fundamento de fé verdadeira. Era mundana e fria. Era "religião", e não cristianismo, e quando isso acontece, cedo ou tarde, as pessoas envolvidas ficam tão insatisfeitas que tomam uma atitude, como aconteceu com um grupo de homens, em 1827, que fizeram algo a respeito não na Inglaterra, mas em Dublin, Irlanda: Anthony Norris Groves, um missionário aposentado; John Parnell, posteriormente Lorde Congleton; J. G. Bellet, um advogado; Dr. Cronin; W. F. Hutchinson; e um homem chamado John Nelson Darby, que era, a princípio, um pároco anglicano. A partir desse grupo, surgiu o movimento que chamamos de Irmandade ou Assembleia dos Irmãos. É muito importante e interessante observar que esse movimento surgiu de uma situação anglicana sem vida, e isso explica tanto suas afinidades com a Igreja Anglicana como sua aversão a ela, e muito do que aconteceu desde então. Eles surgiram de um contexto sem vida do anglicanismo amplo, que nada de real tinha a oferecer que pudesse conduzi-los à salvação, por isso eles se reuniram e decidiram recomeçar, buscando no Novo Testamento o padrão para seu culto. Por essa razão, aboliram o ministério e simplesmente se reuniam e pediam ao Senhor que ministrasse a eles através de cada pessoa. Colocaram tremenda ênfase – e esse foi seu ponto forte – no conhecimento bíblico. Dentre todas as denominações, eu diria que os integrantes da Assembleia dos Irmãos conheciam a Bíblia melhor do que ninguém. Também é justo acrescentar que eles sabiam melhor do que ninguém interpretar as próprias Escrituras, e sei que essa observação será bem aceita. Eles se reuniam com essa ênfase na proximidade do retorno de nosso Senhor Jesus Cristo, que é sempre uma motivação saudável no viver cristão, e com isso também havia uma tremenda ênfase no sacerdócio de todos os crentes. Aqueles que haviam sido anglicanos se desprenderam do clericalismo e do "igrejismo" e tornaram-se simplesmente Irmãos, chamando a si mesmos pelo nome de "cristãos", conforme era usado no Novo Testamento.

Mas o movimento se espalhou ou brotou espontaneamente em muitas outras partes. Foi de Dublin, Irlanda, para Plymouth, Inglaterra, e ali se formou a primeira Assembleia dos Irmãos nesse país, razão pela qual muitas pessoas, para seu aborrecimento, os chamavam de Irmãos de Plymouth.

O líder local era um homem chamado B. W. Newton que, é claro, após alguns anos de ministério, foi acusado de heresia e de pregar a falsa doutrina, o que provocou uma cisão. Alguns que haviam estado com ele em Plymouth saíram e foram para Bristol; eles se reuniam numa capela e tinham um tipo de culto e comunidade eclesiástica muito semelhante ao deles. Chamava-se Bethesda Chapel. Ali, na capela Bethesda, dois homens lideravam uma congregação nos moldes dos Irmãos de Plymouth. Um deles era George Muller, um homem com uma fé extraordinária; chegou a receber um milhão de libras esterlinas para sustentar um orfanato que se localizava em Bristol (um dos poucos orfanatos que não divulgavam suas necessidades financeiras). Henry Craik e George Muller juntaram os fragmentos da cisão que havia ocorrido sob a liderança de Newton. Entretanto, J. N. Darby não ficou muito feliz com isso e, em termos gerais, tornou-se o líder dos Irmãos "exclusivistas", e George Muller e Henry Craik tornaram-se pioneiros dos Irmãos "abertos". A diferença entre eles era bastante simples: o grupo aberto relacionava-se com cristãos de outras denominações; o grupo exclusivista, não. Outra grande diferença era que o grupo aberto era formado por igrejas completamente independentes que administravam suas próprias questões, mas as igrejas do grupo exclusivista tinham uma organização mais centralizada. A propósito, isso explica por que um bom homem na liderança exerce influência positiva do começo ao fim, mas o homem errado no comando exerce influência negativa em todas as partes do movimento.

Em minha experiência como capelão na Força Aérea Real do Reino Unido, meu coração se alegrava sempre que lia a palavra "Irmãos" em um registro dos soldados. Por alguma razão, eles precisavam se registrar nas Forças Armadas como "Irmãos de Plymouth". Era o único título oficial que a rainha reconhecia. Percebi que, sempre que essa palavra constava de um registro, as Forças Armadas certamente tinham à sua disposição um cristão que seria um trabalhador esforçado, enquanto outras classificações denominacionais no registro indicariam bons jovens, mas totalmente nominais. Digo isso porque, honra seja feita, a influência exercida pelos Irmãos nos círculos cristãos é desproporcional a seus números, mas está em proporção direta com sua qualidade. Entre as principais falhas observadas entre os cristãos nominais estava a falta de consciência e engajamento social.

As reformas sociais e a remoção dos males no século 19 ficaram, em grande parte, nas mãos dos anglicanos evangélicos e da Seita Clapham que mencionei.

Voltamos agora nossa atenção ao segmento conhecido como "igreja alta". A "igreja baixa" da Igreja Anglicana contava com a seita Clapham para leigos e a Conferência Clerical de Islington para ministros. A "igreja ampla" era morta, mundana e fria e, como resposta, surgiram os Irmãos cristãos como um grupo distinto. Em 1830, a "igreja alta" recebeu um grande impulso: o chamado Movimento de Oxford.

Aconteceu da seguinte forma. Em 1828, o ofensivo Ato de Prova foi repelido. Era a lei que proibia os católicos-romanos e os não conformistas de se tornarem membros do Parlamento. A partir de 1828, portanto, tanto um não conformista quanto um católico-romano poderiam ser membros do Parlamento na Inglaterra. Tenha em mente que o Parlamento inglês controlava a Igreja Anglicana, e, de repente, o clero anglicano acordou para o fato de que não conformistas e católicos-romanos controlariam a igreja. Isso alarmou um grupo de religiosos de Oxford. Esses homens de Oxford eram liderados por John Henry Newman, Richard Hurrell Froude, Edward Pusey, John Keble e F.W. Faber. Eles disseram: "Precisamos endireitar a igreja agora, resgatar o que ela era e devolvê-la às mãos de Deus, longe das mãos dos homens". Esse era seu objetivo básico. Eles disseram também: "Devemos tratar a igreja como algo divino e não humano, para que não seja maltratada pelo Parlamento, mas guiada por Deus. Como podemos fazer isso?" e por estarem inseridos nesse contexto saudosista característico do Romantismo, disseram: "Vamos fazer isso resgatando o que éramos".

Em vez de retornarem ao Novo Testamento como a Assembleia dos Irmãos tentou fazer, eles retrocederam até a Idade Média e aos pais latinos e gregos. Começaram, assim, a transmitir ensinamentos estranhos e os publicaram em uma série de pequenos tratados ou folhetos, ao todo aproximadamente 120, por essa razão alguns se referem a esse movimento como "tractariano" ou "tratadista". Aqui estão alguns dos pontos que ensinavam: os únicos ministérios válidos eram aqueles que foram ordenados pelos bispos; os únicos bispos válidos eram os que podiam reivindicar uma sucessão que remontasse a dois mil anos até Cristo; quando um bebê era batizado, ele renascia no Espírito e tornava-se cristão; um sacerdote realmente transformava o pão e o vinho no corpo e no sangue de Cristo. John Henry Newman registrou essas palavras em um de seus tratados e foi nesse ponto que eles realmente falharam: afirmaram ser perfeitamente correto que um clérigo da Igreja Anglicana declarasse acreditar nos 39 artigos e se reservasse o direito de dar-lhes sua própria interpretação [na tentativa de restaurar a catolicidade da Igreja Anglicana].

Esse foi um golpe no coração da Igreja Anglicana e suscitou tal alvoroço que John Henry Newman se desligou e uniu-se à Igreja Católica Romana, tornando-se cardeal, e muitos outros tractarianos de Oxford fizeram o mesmo. A tragédia foi que a sua união à Roma, à igreja que afirmava "Temos bispos que remontam ao início da igreja", teve o efeito contrário: em vez de erradicar essa tendência, a Igreja Anglicana mudou radicalmente.

O SÉCULO 19 - PARTE 1 (1800-1850 d.C.)

Aqui está um parágrafo escrito pelo bispo Knox, em 1933, "Provavelmente, até mesmo Newman ou Pusey ficariam surpresos se pudessem visitar as cenas de seus antigos trabalhos e vissem bispos com mitra e vestidos com papas e casulas, clérigos e igrejas tão ornamentados que não se distinguiriam dos de Roma, imagens da virgem Maria com luzes brilhando diante delas, vasos sagrados, ostensórios e evidências semelhantes às do culto à hóstia, e pudessem ouvir a missa pelos vivos e pelos mortos conduzida pelas igrejas anglicanas". Esse movimento que buscava fazer o bem trouxe a prática romana de volta à Igreja Anglicana, e os efeitos desse movimento podem ser vistos na maioria das igrejas paroquiais da Inglaterra.

Tudo isso é crítico, e foi o que aconteceu de mais trágico à Igreja Anglicana desde a Reforma. No século seguinte, acabou por arruinar o diálogo com o metodismo, interrompido pelos próprios anglo-católicos, que insistiam que qualquer igreja unida deveria ter uma sucessão de bispos que remontasse à Idade Média.

Isto posto, posso dizer que eles fizeram muitas contribuições positivas também. Produziram hinos que demonstram uma profunda devoção. E graças à seriedade com que encararam a religião, e seu desejo de que a igreja fosse algo divino e por colocarem Cristo no centro de seu pensamento, vejo que tenho muito mais em comum com a ala alta da Igreja Anglicana do que com a ala ampla, e acho que os anglicanos evangélicos diriam o mesmo.

Se tão somente pudéssemos descartar o lado romano da Igreja Anglicana, o lado dos bispos, de todas as vestimentas e rituais litúrgicos. Não acho que isso seja necessário para tornar a igreja o que ela deveria ser, mas a centralidade de Cristo é necessária.

Aqui estão alguns dos hinos compostos por esses homens. John Keeble: *Blest are the pure in heart*; *New every morning is the love*. John Henry Newman: *Praise to the Holiest in the height*; *Lead, kindly light, amidst the encircling gloom*. (Lembro que um casal pediu que esse hino fosse tocado em sua cerimônia de casamento e pensei: "Que escolha!") Faber compôs: *My God, how wonderful Thou art*; *There's a wideness in God's mercy*. Pusey escreveu: *Lord of our life and God of our salvation*. Outros escreveram: *Good Christian men, rejoice*; *Jerusalem the golden*; *O happy band of pilgrims*; *See amid the winter's snow*; *Jesus, the very thought of Thee*; *When morning gilds the skies*.[4]

Eles nos deram alguns de nossos mais belos hinos. Um hino anglo-católico sempre expressa a santidade de Deus e o dever da igreja de ser santa. Triste é que isso tenha sido mesclado ao "retorno" – o retorno romântico aos rituais e à liturgia da Idade Média – e ocultado a profunda devoção que era seu ponto central.

Encerramos este capítulo em 1850, e no próximo vamos examinar os melhores cinquenta anos do ponto de vista evangélico.

Em 1850, a produção literária de dois homens se tornaria o maior empecilho à fé cristã nos cem anos seguintes. Um deles praticamente varreria o cristianismo da superfície de um terço da terra. Era um judeu alemão, que escrevia no British Museum. Seu nome: Karl Marx; seu livro: *O Capital*. Ele já havia publicado o *Manifesto Comunista* alguns anos antes, mas agora escrevia um livro que mudaria o curso da história. Charles Darwin, após uma viagem a bordo do navio *HMS Beagle* pelas ilhas dos mares do sul, estava escrevendo *A Origem das Espécies*. Tanto *O Capital* quanto *A Origem das Espécies* seriam usados, praticamente sem o

---

4 NdT: **John Henry Newman:** *Louvai a Deus no alto céu*. **Faber:** *Fé que nos deram nossos pais; Como pensar em Deus atrai meu fraco coração*.

conhecimento de seus autores e certamente contra a vontade de Darwin, para atacar a fé cristã como nunca acontecera antes na história. É como se o céu estivesse se preparando para esse ataque; como se Deus, o Espírito Santo, soubesse que isso aconteceria e decidisse, em 1859, derramar sobre a Inglaterra tal avivamento, tal mover do Espírito Santo, tal transformação da sociedade e de homens e mulheres, tal acréscimo de milhares ao Reino de Deus, que prepararia a igreja para os cinquenta anos seguintes.

Cristo guardaria a sua igreja. Cristo edificaria a sua igreja. Ele não ordenou que fizéssemos isso, mas ele disse: "Eu edificarei a minha igreja". Quando estudo a história da igreja posso ver Jesus Cristo erguendo-se nas sombras, enviando seu Espírito Santo sempre que necessário para fortalecer seu povo, acompanhá-lo na tribulação – a única sociedade que jamais desaparecerá deste nosso mundo é a igreja de Jesus Cristo. Ela não desaparecerá até que ele volte e, então, a igreja completa reinará com ele em glória. Louvado seja o seu nome.

10

O SÉCULO 19
- PARTE 2 -
(1850-1900 d.C.)

O período de 1850 a 1900 foi a era das mulheres, na Inglaterra. O soberano foi uma mulher, que cedeu seu nome ao período: a Era Vitoriana. A época que estudaremos agora, na verdade, é o reinado da rainha Vitória, quando surgiram mulheres como Florence Nightingale e muitas outras.

Foi uma era em que as pessoas frequentavam a igreja. Em certo domingo de 1851, foi realizado um censo sobre a frequência aos cultos na Inglaterra, e o resultado foi que 40% da população esteve na igreja naquele dia, um domingo qualquer no mês de fevereiro. A maioria de nós sabe que na Era Vitoriana muito mais pessoas adoravam a Deus do que nos dias de hoje. Devemos muito àquele período. Um pastor da Igreja Anglicana, que hoje ministra na Igreja Batista, disse-me: "Quando mudei de denominação, saí da Idade Média para a Era Vitoriana!" Acho que sei o que ele quis dizer. Ele deixou uma denominação cujos edifícios eram, na sua maioria, medievais ou construídos segundo aquele estilo para pregar em uma denominação cujos santuários eram, essencialmente, vitorianos. Na década de 1960, notei que os hinos batistas eram vitorianos, nossas construções eram vitorianas e até nossa perspectiva, temo dizer, muitas vezes era vitoriana. Muitas coisas mudariam no final do século 20, mas creio que precisamos nos desculpar por isso, pois a Era Vitoriana, sem dúvida, foi um período importante para a propagação do evangelho neste país. E eu gostaria de explicar por quê.

Nesse período, o Império Britânico era conhecido como o império sobre o qual "o sol nunca se põe". Soa um pouco estranho nos dias de hoje. Podemos descrever a Grã-Bretanha daqueles dias como, talvez, a maior influência no mundo; nós tínhamos o respeito das demais nações. Um tempo em que exercemos influência positiva sobre o mundo de muitas maneiras, porque o Espírito Santo estava em ação em nossa terra.

Vou dividir o que tenho a dizer em duas seções. Primeiro, a ação do Espírito Santo durante aqueles cinquenta anos; e depois, a ação do diabo naqueles cinquenta anos – e a segunda parte é um dos segmentos mais tristes da história.

Em primeiro lugar, examinaremos os eventos positivos, e refiro-me ao que o Espírito Santo fez nas décadas de 1850, 1860, 1870, 1880 e 1890 – cada década testemunhou uma obra extraordinária do Espírito Santo, pelas quais ainda damos graças a Deus e das quais ainda desfrutamos dos benefícios.

Começaremos com a década de 1850; o ano de 1857 testemunhou um grande avivamento. O Espírito Santo agia com poder, levando dois milhões de pessoas para a igreja em dois anos. Esse movimento não começou na Inglaterra, começou nos Estados Unidos em 1857 e, em poucos anos, um milhão de pessoas naquele país havia se convertido e participava de alguma igreja. O avivamento expandiu-se muito rapidamente, chegando a Ulster, na Irlanda do Norte, de onde se propagou para a Inglaterra e, dois anos depois de seu início nos Estados Unidos, em 1859, a Inglaterra experimentava o avivamento. Como acontecera nos Estados Unidos, o Corpo de Cristo ganhou um milhão de pessoas em poucos anos. É uma história emocionante, e se quiser saber mais a respeito, leia o livro *Evangelical Awakening* [O despertar do evangelho – em livre tradução], de J. Edwin Orr. A propósito, foi com essa obra que ele obteve o doutorado; esse livro é um maravilhoso relato do mover do Espírito Santo de Deus no avivamento.

A importância daquele avivamento foi que, pela primeira vez, os Estados Unidos estiveram à frente, espiritualmente, da Inglaterra. E esse passou a ser o padrão. Nos cem ou cento e cinquenta anos anteriores, a Inglaterra tomou a iniciativa de anunciar o evangelho aos Estados Unidos. A vida cruzou o Atlântico e chegou à América através da Inglaterra. Mas desde 1857 ocorre o inverso. Por vezes isso causou ressentimento em nosso país. Dizemos: "Por que não ficam por lá para converter os *gangsters* de Nova York e de Chicago?" "Por que enviam pregadores americanos para cá?" Curiosamente, os britânicos não falavam dessa forma quando enviávamos pregadores para lá. Nosso pensamento é tão unilateral que não aceitamos estar do outro lado, mas tem sido assim e, nos últimos cem anos, os Estados Unidos têm, repetidamente, estimulado nossa vida espiritual. Nos cem anos anteriores, fomos nós que levamos esse estímulo.

Quando o avivamento começou, em 1857, um jovem empresário em seus 20 anos, Dwight L. Moody, converteu-se. Embora tenha continuado com seu negócio por mais alguns anos, finalmente entendeu que o Senhor queria que ele se tornasse pregador do evangelho. Conheceu um cantor chamado Ira D. Sankey, com quem passou a desenvolver uma parceria de trabalho. Posso dizer que, apesar dos grandes feitos que temos visto neste século, nunca houve um evangelista como o americano Dwight L. Moody. Ainda podemos ver o resultado das suas viagens missionárias.

O efeito do avivamento de 1850 foi que, na década de 1860, houve uma safra de grandes homens que deviam à década anterior sua vida espiritual e que mudaram o curso da história cristã. Falarei sobre três deles para que você perceba a qualidade dos homens que surgiram desse mover.

O primeiro foi Dr. Thomas Barnardo, um médico com treinamento para ser missionário na China, mas que nunca saiu de Londres. Por quê? Porque, certa noite, ele encontrou um menino na rua e perguntou-lhe:

— Por que você não está em casa?, e o menino respondeu:
— Não tenho uma casa para onde ir.

Dr. Barnardo ficou em choque e disse:
— Certamente você tem algum lugar para ficar, não tem?

O menino insistiu:
— Não, não tenho. Nenhum de nós tem.
— Nenhum de nós? Há mais meninos como você?
— Centenas!
— Eu gostaria de ver.

Então o menino do bairro londrino *East End* levou Dr. Barnardo a vários abrigos escondidos atrás de encerados e mostrou-lhe os meninos. Dr. Barnardo entendeu que Deus não queria que ele fosse para a China, mas que ficasse em Londres para socorrer aquelas crianças. Acredito que não haja alguém na Grã-Bretanha que não conheça o nome do Dr. Barnardo ou que não tenha ouvido falar dos lares que ele fundou para aqueles meninos, cujo lema era: *No destitute child ever refused admission* [Nenhuma criança desamparada jamais foi recusada – em livre tradução]. Ou seja, as portas estariam sempre abertas.

Outro homem que Deus levantou na década de 1860 como resultado do avivamento dos anos anteriores foi William Booth; ele e sua esposa, Catherine, começaram um trabalho que ainda está ativo hoje: o Exército da Salvação. William Booth era um pastor metodista; mas a Igreja Metodista, apesar de muito respeitável, não convertia tantas almas como antes; e Booth foi tocado pelo avivamento de tal forma que saía pelas ruas e as pessoas se convertiam. Ele pregava sem um método específico. Tocava tambores, trombetas, fazia de tudo para tocar as pessoas e ganhá-las para o Senhor. Mas aquilo não foi muito bem aceito por seus superiores na denominação, até que em uma inesquecível Conferência Metodista, pediram a Wiliam Booth que parasse com suas pregações não convencionais. Ele estava diante de todos e muito indeciso, mas uma voz de mulher ecoou na galeria: "Jamais, William! Jamais!" Naquele momento, Catherine fundou o Exército da Salvação.

Trabalharam em *East End*, onde a miséria era indescritível. Naquela época, um grande explorador, cujo nome é muito conhecido entre os leitores britânicos, retornou da África e publicou *In Darkest Africa* [No lado escuro da África – em livre tradução].

Um ano depois, William Booth publicou *In Darkest England – and the Way Out* [No lado escuro da Inglaterra – e sua saída – em livre tradução], no qual ele revela os problemas econômicos, sociais e morais de Londres. Booth reuniu consigo um grupo de homens e mulheres e finalmente, em 1870, disse: "Precisamos ser um exército para Cristo", e organizou o grupo como um exército, com uniformes, bandas de música, ordens hierárquicas e uma rígida disciplina, e, assim, travou suas batalhas.

Uma de suas maiores batalhas foi para poder realizar reuniões ao ar livre. Em muitos locais, as pessoas não gostavam de reuniões ao ar livre; um desses locais era um *resort* privativo, no litoral sul, chamado Eastbourne. Como não gostavam de pregações em praça pública, foi criada uma regulamentação para impedir a prática e, quem ousasse fazê-lo, seria preso. Os soldados do Exército da Salvação local realizaram uma reunião ao ar livre e todos foram levados à delegacia de polícia. William Booth deu a seguinte ordem a todos os "soldados" da Inglaterra que estavam disponíveis: "Venha para Eastbourne e realizem reuniões em praça pública!" Cada trem que chegava a Eastbourne trazia mais soldados, que, por sua vez, realizavam reuniões. Como a delegacia ficou lotada, recrutaram uma escola local e prenderam os soldados, que também lotaram a escola. No final, ele venceu e Eastbourne rendeu-se diante da invasão daquele exército. Ele passou a dizer às demais cidades: "Eastbourne não se opõe a reuniões ao ar livre!" – e ganhou a batalha. Foram alvo de violência, chacota, divergências, mas não desistiram. William Booth se recusou a fazer algo, e isso pode ou não ter sido um erro (não sei dizer): ele não permitiu que o movimento se tornasse uma igreja; ele se recusava tanto a batizar como a celebrar a Ceia do Senhor, pois seu objetivo era que as pessoas se convertessem a Cristo, procurassem uma igreja; seu trabalho acabava ali, pois a igreja local daria continuidade. Se as coisas tivessem ocorrido como planejado, teria sido uma façanha, mas não funcionou. Assim como as igrejas do século anterior fizeram com os novos metodistas convertidos, as igrejas daqueles dias não aceitavam os convertidos de Booth, que precisou providenciar uma congregação para os novos crentes. Por isso, até hoje eles são uma comunidade isolada, que ainda não celebra o batismo nem a Ceia do Senhor. Curiosamente, o General Coutts [Frederick Coutts, 8º general do Exército da Salvação] disse-me que muitos oficiais acreditam que deveriam celebrá-los, pois sentem falta dessas ordenanças.

Eles se concentram em atividades sociais e obras assistenciais, e ouso dizer que os incrédulos, hoje, conhecem o Exército da Salvação mais pelas obras sociais do que pelas espirituais, mas penso que, em meados do século 20, surgiu uma nova leitura e abordagem dessas questões, bem como um desejo de mudança. Deus voltará a usar o Exército da Salvação no futuro, de forma grandiosa.

O SÉCULO 19 - PARTE 2 (1850-1900 d.C.)

O terceiro homem que veremos é Hudson Taylor. Lembre que esses grandes nomes surgiram após o avivamento da década de 1850 e, nas décadas de 1860 e 1870, saíram dos bastidores. Uma data marcante é 1865. O que falar da vida desse jovem de Yorkshire, de sua crise espiritual e de suas batalhas com Deus, nas quais Deus o quebrou e o venceu? Esse homem chorou muito pelos milhões que morriam [sem Cristo] na China, e sua dor o transformou em um missionário.

Em suma, do resultado de seu trabalho nasceu a Missão para o Interior da China, que se tornaria a OMF International (anteriormente, Sociedade Missionária no Exterior).

Essa missão mudou os moldes da obra missionária de maneira decisiva para grande parte das organizações de envio. As diferenças entre sua abordagem à obra missionária e o enfoque das missões que o antecederam influenciam o pensamento de todos desde então. Por um lado, ele fez algo muito mais abrangente do que as missões anteriores. Por outro, fez algo mais restritivo. Na escala mais ampla, ele estava aberto para receber em sua missão missionários de qualquer denominação. Antes disso, havia a Sociedade Missionária Batista, a Sociedade Missionária Metodista, a Sociedade Missionária de Londres, a Sociedade Missionária Eclesiástica (da Igreja Anglicana) – que eram sociedades missionárias denominacionais. Mas pela primeira vez surge uma missão interdenominacional, mais ampla em seus fundamentos.

Sua segunda decisão foi muito marcante, embora muito restritiva; é algo que gera muita discussão e debate desde então e está relacionada às finanças e ao recrutamento. Anteriormente, a necessidade financeira e o recrutamento eram compartilhados com a igreja de modo geral, e era esperado que a igreja tivesse fé para prover os recursos financeiros e humanos; por exemplo, a Sociedade Batista na Índia comunicava suas necessidades para a sede: "Estas são nossas necessidades financeiras, de recursos humanos e outras...", e a igreja, como família de Deus, assumia o fardo, orando e buscando suprir essas necessidades.

Mas, a partir do surgimento da Missão para o Interior da China, ficou decidido que aquela prática era errada, que era uma violação da fé fazer qualquer coisa além de entregar o pedido ao Senhor; as necessidades de recursos humanos e financeiros ficavam na missão, não eram partilhadas com a igreja. Em outras palavras, o grupo que deveria exercitar a fé, agora, estava limitado aos que, de fato, estavam no campo ou na missão. Foi nesse sentido que a ação ficou restrita.

Eu diria que para alguns é certo agir de determinada forma e outros de outra, como o Senhor orienta, mas por causa desses dois princípios, em especial do segundo, Hudson Taylor ficou conhecido como "missionário de fé", e foi quando nasceu a expressão "missão de fé". É uma pena que usem esses termos. Era um apelido. Não foi escolhido por ele, outros lhe deram esse nome, mas fica implícito que todas as sociedades missionárias antes dele não eram missões de fé. Eu diria que a fé vinha sendo exercida de maneira diferente; ele seguia um caminho e as demais sociedades seguiam outro.

Da Missão para o Interior da China, surgiu uma série de outras sociedades missionárias durante o período do qual estamos tratando. Foram criadas a Missão para o Interior da África, Regions Beyond Missionary Union [União das Missões para Regiões Distantes – em livre tradução] e tantas outras. Todas eram interdenominacionais, mas não mencionavam as necessidades da missão, não se sentiam à vontade para pedir às igrejas tudo o que precisavam, especialmente dinheiro. Essa é a importância de Hudson Taylor, que mudou o pensamento missionário de 1865 em diante.

A Grã-Bretanha, naquele período, ainda liderava o mundo em esforços missionários, mas estava rapidamente sendo superada pelos americanos, como já mencionamos.

Em 1870, aparece um movimento ligado ao aprofundamento da vida espiritual, na Grã-Bretanha. Ele se originou em Mildmay, Londres, onde o vigário William Pennefather construiu um grande salão, capaz de acomodar 2.500 pessoas; as reuniões que ele conduzia e os sermões que pregava tinham por objetivo aperfeiçoar os cristãos. Dois anos mais tarde, ele disse a D. L. Moody: "O senhor poderia vir e pregar para nós?", foi quando Moody e Sankey vieram para a Inglaterra.

Eles vieram em 1873 e, naquele ano, somente em Londres pregaram para 2,5 milhões de pessoas. Não existia transmissão pela televisão, nem os modernos canais de publicidade ou a infraestrutura das grandes palestras de hoje. Viajaram pela Irlanda, Inglaterra, Escócia e, por onde passavam, ricos e pobres, cultos e iletrados lotavam o lugar para ouvir o evangelista americano; os hinos de Sankey continuaram a ser cantados durante o século 20. Eu acredito que a música talvez tenha contribuído tanto quanto as pregações. Os dois formavam um time perfeito.

Um dos efeitos foi que, quando Moody voltou para os Estados Unidos, um grupo passou a se reunir para buscar a vida cheia do Espírito, entre eles o vigário de Keswick, o reverendo T. D. Harford-Battersby, e um *quaker*, Robert Wilson. O pequeno grupo se reunia e juntos buscavam o enchimento com o Espírito; em um desses encontros, o vigário de Keswick disse: "Por que não fazemos uma Convenção em Keswick, no Lake District, para que mais pessoas tenham essa experiência?" Assim, em 1875 ocorreu a primeira Convenção de Keswick. Hoje, em qualquer lugar no mundo encontramos esse nome. Se você estiver na Nova

Zelândia, poderá participar de uma Convenção de Keswick. Se estiver nos Estados Unidos, também.

Logo depois, em 1877, um grupo de estudantes cristãos reuniu-se em Cambridge para fundar o que chamaram de Cambridge Inter-Collegiate Christian Union, informalmente conhecido como CICCU; quem visita a cidade pode verificar o que CICCU significa e seus propósitos. Em 1879, foi fundada a OICCU (também conhecida por Oxford Inter-Collegiate Christian Union); outras associações cristãs foram criadas por toda a Inglaterra e vincularam-se ao que passou a ser denominado SCM – Student Christian Movement [Movimento Cristão Estudantil – em livre tradução]. Em suma, as uniões estudantis e o SCM eram um único movimento, e reuniam-se na sede da SCM.

Na década de 1880, o evento que mais se destacou foi o fato de que, pela primeira vez em duzentos anos, uma nova tradução da Bíblia seria feita, mas infelizmente essa versão nunca se popularizou e acabou não sendo muito divulgada. Era a versão chamada *Revised Standard Version* (RSV) de 1880. Há muitos anos, fiquei fascinado ao ver uma das Bíblias de C. T. Studd. Sabe-se que ele trocava de Bíblia todos os anos porque usava-as até gastar; essa Bíblia em questão era repleta de anotações, grifos e comentários, e ele usava a versão RSV, de 1880. Outros acontecimentos dessa década envolvem C. T. Studd. Em 1882, Moody foi a Cambridge e disseram: "Um pregador em Cambridge, uma atmosfera intelectual? Nunca! Será um fracasso". Mas quando D. L. Moody pregou, grandes coisas aconteceram naquela universidade entre os intelectuais que diziam, à época, que o cristianismo era algo ultrapassado e que a ciência provou ser um equívoco. Como resultado, sete alunos e atletas famosos partiram para a China dois anos depois, entre eles estava C. T. Studd, o jogador de críquete. A visita de T. L. Moody a Cambridge também deu origem à Worldwide Evangelisation Crusade [Cruzada Mundial de Evangelização], com 1.100 missionários e sua sede em Bulstrode Park.

Nos Estados Unidos, algo aconteceu entre os alunos da Universidade de Princeton na mesma época. Em 1886, um aluno chamado Robert Wilder reuniu um grupo de estudantes e disse: "Vamos orar para que mil estudantes sejam enviados às nações para anunciar o evangelho". Rapidamente, centenas de jovens se apresentaram como missionários; eles se denominaram Student Volunteer Movement [Movimento Estudantil Voluntário – em livre tradução]. A ideia se difundiu entre o mundo estudantil e, numa reunião em Edimburgo em 1892, na década seguinte, o SVM foi formalmente criado, sob o lema "A evangelização do mundo nesta geração". Esse era seu objetivo, e rapidamente conseguiram mil estudantes para o campo missionário. Em vinte e cinco anos, nove mil alunos foram enviados às nações do mundo para anunciar o evangelho. Um dos líderes do movimento foi um grande homem chamado John R. Mott. Talvez o nome lhe seja familiar; ele se converteu através do irmão de C. T. Studd. Em 1895, a iniciativa Christian Endeavour, que começara como uma pequena reunião em uma igreja congregacional em Londres, tornou-se a World's Christian Endeavor Union, outro impetuoso movimento cristão mundial.

Foram atividades como essas que o Espírito Santo despertou naqueles cinquenta anos e, como você pode imaginar, aquela comoção de vida espiritual fomentou a composição de hinos e o surgimento de pregadores.

Alguns dos maiores pregadores surgiram nesse período. Charles Haddon Spurgeon foi um deles; Keir Hardie, o fundador do Partido Trabalhista Independente, foi outro grande evangelista – no Partido Trabalhista original havia muitos cristãos. Hugh Price Hughes, Frederick William Robertson de Brighton e muitos outros grandes pregadores podem ser apenas nomes para você, mas seus hinos sobreviveram. Reuben Archer Torrey e Charles McCallon Alexander também vieram dos Estados Unidos – Torrey e Alexander, o pregador e o cantor.

Estes são alguns dos hinos compostos naquele período. Frances Jane Crosby, uma jovem cega, escreveu: *To God be the glory*; *Fill Thou my life*; *Praise Him, Praise Him, Jesus our blessed Redeemer, Jesus is tenderly calling*; *Blessed assurance Jesus is mine*; *Rescue the perishing*. Frances Ridley Havergal: *Master, speak Thy servant heareth*; *Lord, speak to me that I may speak*; *Take my life and let it be*; *Who is on the Lord's side?* Alguns poemas de Christina Rossetti: *In the bleak midwinter*; *None other Lamb*. Mrs C.F. Alexander: *Once in royal David's city*; *There is a green hill far away*; *All things bright and beautiful*. Harriet Beecher Stowe: *Still, still with Thee*. Anna Laetitia Waring: *In heavenly love abiding*; *My heart is resting, O my God*. Arabella Catherine Hankey: *I love to tell the story*.[1]

Isso tudo inspirou o primeiro-ministro William Ewart Gladstone a escrever hinos. Quando um primeiro-ministro inglês divide seu tempo entre reuniões de gabinete e composição de hinos, é algo a ser observado. Houve uma grande explosão de hinos nesse período.

Parecia que a igreja iria invadir o século 20 tornando o mundo em um lugar cristão muito rapidamente; assim,

---

[1] NdT: **Frances Jane Crosby:** *A Deus demos glória; Junto a ti; Que segurança, Cristo é meu!; Quero estar ao pé da cruz; Quero o Salvador comigo*. **Frances Ridley Havergal:** *Substituição; Que fazer por mim; Confissão; Satisfação; Cristo volta; Proclamação*. **Christina Rossetti:** *Um aniversário; Quando eu morrer*. **Mrs C.F. Alexander:** *Cristo chama; O Gólgota; Numa estrebaria rude*. **Harriet Beecher Stowe:** *Em comunhão Contigo na aurora*. **Ana Laetitia Waring:** *Meu coração descansa, Deus;* **Arabella Catherina Hankey:** *Alegre conto a história real, superior*.

O SÉCULO 19 - PARTE 2 (1850-1900 d.C.)

em 1900 muitos crentes acreditavam que o mundo todo seria cristão até os anos 1930, no mais tardar. Entraram no século 20 pensando que o Milênio estava às portas. Houve tamanha manifestação de vida espiritual de 1857 a 1900 que se pensava que nada poderia impedir o evangelho.

Mas, infelizmente, o diabo estava muito ocupado e, durante aqueles cinquenta anos, ele desferiu cinco golpes que levariam a pregação do evangelho a uma quase estagnação em algumas partes do mundo e abateriam terrivelmente a igreja na Inglaterra. O diabo não iria ficar de braços cruzados, permitindo que o movimento espiritual florescesse sem um combate. (Mas seus dias estão contados e eu creio que ele perdeu a batalha.)

Na mesma região nos Estados Unidos onde o avivamento teve início, ele levantou seitas cujos membros apareceriam com uma Bíblia nas mãos e dizendo-se cristãos. Seu plano foi o seguinte: os Mórmons, em 1830, com as fantásticas histórias de Joseph Smith sobre encontrar um livro de ouro que, infelizmente, foi levado por um anjo, impossibilitando-o de reproduzir seu conteúdo. Os Adventistas do Sétimo Dia, em 1831; o Espiritismo, em 1848; a Ciência Cristã, em 1876; e as Testemunhas de Jeová, em 1881.

Quase todas essas seitas e crenças surgiram na costa leste dos Estados Unidos e quase todas têm seu ponto central em uma visão deturpada da volta de Cristo. Você e eu atendemos a campainha porque alguns irmãos vindos do outro lado do Atlântico querem ganhar terreno para o seu cristianismo corrompido. São diversificados, e alguns estão mais próximos de uma postura cristã do que outros. Os Adventistas do Sétimo Dia estão muito mais próximos do que as Testemunhas de Jeová. Essa última talvez seja a maior seita que surgiu naquele período.

O elemento fundamental que faz cair por terra seu ensino é não acreditar que Jesus é Deus. Mesmo levando uma Bíblia nas mãos e usando versículos para nos confundir, acham que são os únicos que conhecem a Bíblia. A única defesa contra esse tipo de abordagem é conhecer a Bíblia melhor do que eles. Sinceramente, a maioria dos que são convertidos por eles são pessoas que frequentam igrejas que não ensinam a Bíblia. Simples assim.

Essa foi a primeira retaliação do diabo. Hoje, encontramos Testemunhas de Jeová em qualquer lugar do mundo que não haja missionários. Essas são as pessoas mais zelosas e entusiásticas que você encontrará. Se eu bater numa porta usando um longo casaco e carregando uma valise, certamente pensarão que sou um deles e terei de me explicar. Essa é a extensão da mobilização das forças que o diabo tem à sua disposição, e é uma tristeza que tamanho zelo esteja tão corrompido.

O segundo golpe do diabo durante aqueles cinquenta anos foi tornar a Igreja Romana ainda mais romana do que nunca, endurecendo-a em determinados pontos. Em meados da década de 1850, o papa restaurou o movimento jesuíta, o que foi um golpe de mestre, pois assim conseguiram se estabelecer em muitas terras. Em 1850, ele restabeleceu a hierarquia inglesa e afirmou: "Agora podemos retomar do ponto deixado pela Inglaterra durante o reinado de Henrique VIII". Em 1854, os jesuítas persuadiram o papa a declarar fatos sobre Maria que não estão na Bíblia. Ele, então, afirmou que Maria nasceu sem pecado. É isso o que significa a "imaculada conceição" da Virgem Maria. Durante séculos, a Igreja Católica se declarou infalível, mas ninguém sabia onde imputar essa infalibilidade. Em 1870, o papa convocou o primeiro Concílio do Vaticano desde o Concílio de Trento, ocorrido centenas de anos antes, e quase escandalizou a todos ao anunciar que a infalibilidade da igreja está firmada na pessoa do papa. Somente em 1870 o papa foi declarado infalível enquanto estiver ocupando seu "trono", sua "cátedra" e quando se pronunciar *ex cathedra* – com a autoridade do cargo – a respeito do que devemos crer ou como devemos nos comportar.

O curioso é que somente em 1950 essa prerrogativa foi exercida. O papa havia declarado: "O papa pode falar com infalibilidade", mas isso nunca aconteceu até 1950, quando proclamou a assunção corpórea da Virgem Maria, ou seja, que ela subiu aos céus com seu próprio corpo. É estranho nunca haverem ensinado essa tese, e a razão é que nem todos os católicos-romanos concordam com isso; mas a afirmação foi feita e isso endureceu Roma, dando-lhe um desejo cada vez mais forte de conduzir a todos sob a autoridade infalível do papa. Esse foi um golpe de Satanás!

Seu terceiro golpe foi desferido dentro da esfera científica. Preciso ser cauteloso, aqui. Não sou contra a ciência. Passei anos na faculdade estudando tanto ciência quanto teologia. Em 1859, surge Charles Darwin, que inicialmente seguiria a carreira de pastor; era neto do ceramista Josiah Wedgwood e neto, também, do primeiro homem que cogitou sobre a evolução, Erasmus Darwin, que escrevera sobre o assunto muitos anos antes (Charles Darwin não foi original, ele meramente reproduziu as ideias e os pensamento originais de seu avô). Pouco antes de publicar "A Origem das Espécies", ele descobriu que um homem chamado Alfred Russel Wallace havia publicado um ensaio sobre exatamente o mesmo tema, chegando às mesmas conclusões; Charles decidiu retirar seu livro e permitir que Wallace recebesse o crédito. Entretanto, Wallace era um homem muito humilde e disse: "Não, publique seu livro. Eles dizem a mesma coisa". Eu asseguro que a maioria das pessoas não conhece o nome de Alfred Russel Wallace, mas todos conhecem o nome de Charles Darwin. Ele recebeu o crédito por ter publicado seu livro.

Na obra, ele não afirma que "os homens vêm de macacos". Se você acha que foi Charles Darwin que disse isso, pode esquecer; ele jamais fez essa afirmação. Sua ideia é que os macacos e o homem vêm de uma origem em comum. Essa ideia é muito precisa e é muito importante entender o que ele disse. Era uma teoria, uma suposição – e ainda é. Ainda há evidências totalmente descabidas que impedem que essa teoria se torne um fato científico.

A tragédia é que isso é ensinado aos nossos filhos como fato comprovado, sendo que ainda não passam de hipóteses interessantes, muito longe de serem provadas. Mas o que de fato aconteceu? Darwin conclui dizendo: "Não vejo motivos para que as ideias apresentadas neste livro abalem as percepções religiosas de ninguém. Há excelência nessa visão da vida e de suas diversas faculdades, uma vez que foram, originalmente, sopradas pelo Criador em algumas formas ou uma só". Em outras palavras, ele acreditava em um Criador; e Charles Darwin ficou perturbado quando pessoas de todos os lugares da Inglaterra diziam: "Charles Darwin provou que não existe um Criador". Ele replicou: "Nunca provei isso e jamais fiz tal afirmação. Eu simplesmente disse 'Foi assim que o Criador nos fez'. Não descartei o Criador". Mas as pessoas passaram a dizer: "Bem, se não foi preciso um Criador para que houvesse as diferentes espécies, por que precisamos de um Criador? Tudo foi criado espontaneamente" – e a percepção de que o mundo se formou sozinho passou a se espalhar entre nós.

Infelizmente, houve equívocos de ambos os lados. Isso foi visto como uma contradição direta ao livro de Gênesis e, lamentavelmente, a batalha começou. Nenhum lado entendia o que o outro afirmava. Diziam: "A evolução é um fato comprovado", quando, na verdade, não era; outros declaravam que a Bíblia dizia coisas que ela não diz. O resultado foi um grande impasse. Somente alguns cristãos, como Henry Drummond, na Escócia, tentaram chegar a algum entendimento, de que a verdade da ciência e a da Bíblia não se contradizem, pois Deus é real e criou tanto o mundo que a ciência investiga como as Escrituras que lemos.

Essa batalha levou milhares de pessoas a abandonarem a igreja. Elas concluíram que não era possível acreditar na ciência e na Bíblia. Graças a Deus progredimos um pouco desde aqueles dias e percebemos que esse tema tem muito mais a ser explorado.

Assim, o terceiro golpe desferido pelo diabo foi incutir na mente das pessoas que não era possível crer nas Escrituras sem negar a ciência ou crer na ciência sem negar as Escrituras. Essa é uma falsa contradição. Não precisamos escolher entre duas verdades. A verdade é uma, e o que a ciência provar (não apenas suposições ou teorias) deve estar alinhado ao que Deus diz, porque Deus é a verdade.

O quarto golpe do diabo foi espalhar ideias ateístas e agnósticas. Ele fez isso através de pessoas como: Thomas Carlyle, que estudava teologia no seminário da Igreja da Escócia e se tornou agnóstico; Mary Ann Evans, mais conhecida pelo seu pseudônimo George Eliot, autora de *O Moinho à Beira do Rio Floss*; John Stuart Mill e o ceticismo que permeia sua filosofia; Herbert Spencer, um agnóstico. Ele usou alemães, especialmente homens como Schopenhauer e Feurbach, que disseram que "o homem criou Deus à sua imagem e Deus não passa de um sonho"; usou pessoas como Nietzsche, que disse "o desejo pelo poder é a única coisa que move o homem" e que "judeus e cristãos têm mentalidade e moralidade escravas". Foi com base nas ideias de Nietzsche que Hitler organizou sua vida e chegou ao poder.

Muitas dessas pessoas vieram de famílias cristãs. Robert Green Ingersoll dedicou sua vida, deliberadamente, a viajar por toda a Inglaterra dando palestras sobre ateísmo;

e, naqueles dias, quem se considerasse rebelde assistia a essas conferências. Certo dia, um grande cristão viu Robert Ingersoll esperando o ônibus debaixo de chuva. Foi até ele e disse:

— Sr. Ingersoll, acabei de presenciar algo terrível!
— O que aconteceu?, Ingersoll respondeu.
— Vi uma senhora idosa atravessar a rua com muita dificuldade, apoiada em uma bengala, quando um jovem correu em sua direção e arrancou a bengala das suas mãos, fazendo-a cair, e ele a deixou debatendo-se na lama.

Ingersoll indagou:
— Onde ele está? Quem fez essa crueldade?
— O cristão, então, respondeu:
— O senhor. O senhor tem viajado por este país abalando a fé que ampara tantas pessoas; depois, o senhor as deixa atoladas na lama, sem ter em que se apoiar.

Foi uma merecida bronca; mas eram essas as ideias espalhadas pelo diabo.

Um homem escreveu um livro nessa época, publicado em 1867, no qual professava que o ateísmo iria reduzir a religião a um terço do mundo em meados do século 20 – esse homem era Karl Marx; o livro, *Das Kapital*. Há uma frase no livro que ele emprestou de Charles Kingsley, autor de *The Water Babies*: "A religião é o ópio do povo"; ele disse que, quando o capitalismo acabar, a religião também deverá acabar. Esse livro tornou-se uma das maiores investidas que atraiu milhões de pessoas para o ateísmo.

A última arma do diabo, e a mais sutil de todas, a que o fez vencer a maior batalha no século 20, foi esta: as pessoas passaram a estudar a Bíblia da forma errada. O nome dado a esse método é significativo: "Crítica".

Isso teve início na Alemanha, mas espalhou-se rapidamente para as universidades da Inglaterra e da Escócia. A ideia era que a Bíblia não passava de um livro escrito por homens, sujeito a todos os erros de um livro humano, sujeito a todas as errôneas ideias do imperfeito pensamento humano, e como tal deveria ser radicalmente revisado à luz de investigação científica e racional. Os milagres ficariam de fora, porque a ciência não crê no sobrenatural. As previsões dos profetas seriam excluídas, porque não é possível prever o futuro. Tudo o que é divino seria eliminado. Essa escola trouxe algumas ideias inacreditáveis, como a sugestão de que Moisés nunca escreveu os livros cuja autoria lhe foi atribuída, que provavelmente Isaías também não escreveu nada, que todos os livros estão fora de ordem e que, na verdade, os primeiros cinco livros da Bíblia foram escritos depois e os livros proféticos foram escritos antes. Queriam fragmentar a Bíblia, criticando tudo; e esse pensamento infiltrou-se na igreja. O diabo sabia o que estava fazendo. Ele sabia que, se conseguisse abalar a fé que as pessoas tinham na Bíblia, ganharia uma grande batalha. E conseguiu.

No começo, a igreja lutou bravamente. O bispo John Colenso foi excomungado por dizer que Moisés provavelmente nunca existiu e que Josué certamente foi um mito. Ele perdeu o bispado por suas afirmações. Robert Smith perdeu seu cargo de professor de hebraico na Universidade de Edimburgo por ter opiniões da mesma natureza. Mas o movimento se ampliou e, por volta de 1900, professores de jovens seminaristas já aceitavam, até certo grau, as críticas feitas à Bíblia; e sem perceberem que as críticas não eram, na verdade, científicas, estavam acrescentando suas próprias ideias filosóficas ao estudo das disciplinas. Essa é uma atitude fácil e perigosa. É fácil decidir em que acreditar antes e, depois, criticar o que não se ajustar à minha opinião. E era isso o que estava acontecendo.

Em suma, quando o século 20 chegou, o pensamento dos fiéis era: "Vamos atingir nosso objetivo: evangelizar o mundo nesta geração. Teremos um mundo cristão no novo século". Como disse um primeiro-ministro da Inglaterra cristã: "Para o alto e sempre avante!" O conceito de evolução não se aplicava apenas aos animais, passou a ser aplicado aos homens. "Estamos cada vez melhores. Pegamos um elevador em direção à utopia!" Essa ideia só desmoronou em 1914, quando toda a bestialidade primitiva do ser humano veio à tona. A ideia de que estávamos cada vez melhores e que o novo mundo estava à porta ruiu nas trincheiras da Primeira Guerra Mundial. Mas em 1900 ela ainda estava firme.

Infelizmente os cristãos não perceberam como o diabo havia mobilizado suas forças e as colocava em ação; também não perceberam o declínio da frequência em igrejas – um a um os edifícios se esvaziavam. Não notaram que os homens que foram para a guerra voltavam fisicamente, mas não espiritualmente; muitos pregadores estavam perdendo a confiança na Bíblia e suas pregações não tinham significância; as opiniões sobre Cristo e o evangelho seriam cada vez mais enfraquecidas até não sobrar quase nada.

11

ALGUNS DESDOBRAMENTOS DO SÉCULO 20

Os primeiros anos do século 20 foram marcados por irrestrito otimismo e confiança no Mundo Ocidental. Os capitalistas ainda estavam plenamente seguros em sua riqueza. Os trabalhadores começavam a se beneficiar das conquistas dos movimentos sindicais. O Império Britânico dominava o mundo, ao menos era o que pensavam, e a Marinha mantinha tudo protegido. O século 20 seria uma utopia, um período sem paralelo de paz e prosperidade para todos.

A teoria da evolução de Darwin estava sendo aplicada à sociedade e acreditava-se que a evolução iria nos transportar para o admirável mundo novo.

Todo aquele otimismo foi rapidamente abalado por duas guerras mundiais, foi algo que o homem nunca havia visto; o sofrimento e a crueldade incalculáveis e a malignidade quase desumana desses dois grandes eventos estremeceram aquela confiança.

A própria igreja partilhava do otimismo inicial e muitos cristãos acreditavam que, no decorrer do século 20, a igreja teria se expandido para todo o globo e dominado o mundo; e os números, certamente, eram muito animadores. Em 1800, os que se denominavam cristãos constituíam 19% da população mundial. Cem anos depois, esse total havia aumentado para 29,5% e parecia que o objetivo de expansão da igreja pelo mundo era possível.

Mas o que se supunha ser um século de tranquilo progresso espiritual, físico, material, moral tornou-se uma era de terríveis conflitos. Os "ismos" a seguir são alguns dos elementos que ingressaram no mundo do século 20 e que tornaram a obra da igreja muito mais difícil.

Obviamente, o crescente *secularismo* da sociedade foi uma novidade. Até então, cristãos disputavam com outras religiões. Mas passaram a lidar com pessoas que não tinham religião. As pessoas estavam vivendo sem qualquer religião e não davam importância ao Deus cristão. O crescente secularismo foi um dos elementos que causaram conflitos no século 20. O avanço do *comunismo* foi outro fator de peso. Ele se espalhou entre um terço da raça humana e, de modo geral, por onde o comunismo passou, as portas para as obras missionárias pareciam se fechar. Havia centenas de missionários na China no começo do século 20, mas, em 1960, eles haviam sido expulsos. Quando a China começou a se abrir, vimos que muitas obras foram realizadas clandestinamente e o cristianismo crescia em larga escala.

Outro fator foi o crescimento do que chamamos de *nacionalismo*; com base nessa escola, novas nações se formaram a uma velocidade fantástica e começaram a considerar missionários como estrangeiros. "Imperialistas ocidentais" era o rótulo muitas vezes colocado sobre eles. A ideia de que um estrangeiro fosse ensinar algo para essa nova nação – dizendo qual religião deveriam seguir – estava se tornando cada vez mais repugnante.

Citando Gilbert Murray, ocorreu a "desintegração da civilização ocidental" – o colapso da sociedade ocidental, que até então vinha sendo o principal fornecedor de trabalho missionário; o colapso moral e espiritual no Ocidente foi um fator que a igreja precisou enfrentar.

Outro fator foi o ressurgimento de religiões da Antiguidade. Algumas religiões pareciam estar definhando, mas, no século 20, voltaram a florescer em algumas áreas. O budismo no Ceilão, hoje Sri Lanka, é um exemplo. O islamismo crescente em muitos lugares é outro exemplo. Houve aumento no número de seitas baseadas em um cristianismo corrompido; na verdade, se examinadas a fundo, não chegam a ser cristianismo. Milhares de cidades e vilarejos por todo o mundo jamais receberam um único missionário cristão, mas receberam a visita de mórmons ou de testemunhas de Jeová.

Esses, e muitos outros fatores, significam que o século 20 foi um campo de batalha para a igreja, e muitos chegaram a pensar que o cristianismo seria obrigado a lutar por sua sobrevivência. Alguns chegaram a prever que, pela metade do século, não haveria mais igreja. Mas vou me antecipar a isso e assegurar que a igreja não diminuiu, tornou-se maior e, geograficamente, mais difundida. Nunca houve mais cristãos no mundo do que hoje. Isso nos ajuda a manter nossa perspectiva em equilíbrio.

No momento em que vivemos uma situação é muito difícil ver todo contexto de forma objetiva e distinguir entre o que é importante e duradouro e o que é insignificante e transitório. Ao examinar o século 20 como ele se mostrava no final da década de 1960, identifiquei três movimentos significativos que aconteceram *dentro* da igreja e que precisam ser considerados à luz da época. Eu acreditava que os significantes eventos da história aconteciam dentro da igreja. Em síntese, creio que Deus esteja escrevendo a história do mundo e que o povo de Deus é a chave dessa história.

Os três "ismos" que, claramente, estavam mudando a essência da igreja no final dos anos 1960 eram: o liberalismo, o ecumenismo e o pentecostalismo. À época, resumi o que acontecia nas três áreas e fiz minha avaliação de cada uma.

Uma das maiores influências sobre o cristianismo no século 20 foi, sem dúvida, o liberalismo. Embora as sementes desse comportamento tenham sido plantadas no século 19, a flor brotou no século 20. Assim como muitos outros pensamentos, esse teve origem na Alemanha, a qual produziu alguns dos melhores pensadores, filósofos e teólogos do mundo. É um erro subestimar a influência da Alemanha, especialmente do pensamento alemão, sobre todo o Mundo Ocidental.

De modo geral, existe um padrão. O que os filósofos alemães pensam hoje, os filósofos britânicos pensarão amanhã, o filósofos americanos pensarão no dia seguinte e, só depois, o restante do mundo passará a considerar. O padrão visto aqui é muito significante.

Qual era a essência do que chamamos liberalismo? Posso resumir esse conceito citando uma frase de uma profunda avaliação intitulada *The Death and Resurrection of the Church* [A morte e ressurreição da igreja – em livre tradução], de Leslie Paul, um autor anglicano que estudou a Igreja Anglicana e procurou dizer o que ela deveria fazer no século 20. Ele conclui seu livro dizendo: "Nenhuma fé sobrevive se negar seu passado e rejeitar sua base". Mas é justamente o que essa nova e propagada teologia propõe. A derradeira crise das igrejas será: "O que o cristianismo declara como a base essencial e indispensável da sua fé?"

Paulo tratou diretamente essa questão. A crise que a igreja enfrentaria seria: "Resumidamente, qual é a base da sua fé?" A resposta para essa pergunta divide cristãos confessos em três campos: liberais, católicos e evangélicos. Todos os três podem falar sobre a igreja, a Bíblia e suas experiências, mas quando igreja, Bíblia e experiências parecem contraditórias, sua base será apenas um desses fatores; e o escolhido testará os outros dois. Os católicos diriam que a igreja é sua base essencial, ela interpretará tanto a Bíblia como a experiência.

Os evangélicos diriam que a Bíblia é sua base essencial e que por ela devemos testar a igreja e a experiência. Os liberais, que a experiência é sua base essencial e, por ela, a Bíblia e a igreja serão testadas.

Esse é um exemplo muito simplificado, mas basicamente é o que ele representa. O termo "liberal" se aplica àqueles que chegam a usar a Bíblia e a acreditar na igreja, mas que, no final, usam sua própria experiência, seja ela experiência mental, moral ou espiritual, para atestar a verdade.

Se a experiência é o árbitro que decide o que é verdade, você poderá ter dúvidas sobre alguns conceitos ensinados pela igreja ao longo dos séculos. O céu, por exemplo. Eu jamais tive uma experiência a respeito desse lugar chamado "céu". Como saber se ele existe? A Bíblia diz que é real, mas como posso ter certeza? Isso é algo alheio à minha *experiência*. Mais importante ainda: ninguém jamais esteve no inferno. Não acredite em quem diz que você cria seu próprio inferno na terra. Isso não existe. O inferno é algo desconhecido da nossa experiência e, quem julga a verdade através de suas próprias experiências, não pode estar tão seguro de que o inferno existe. Milagres são outro exemplo. A Bíblia está repleta deles, mas muitas pessoas hoje questionam os eventos sobrenaturais porque nunca tiveram a experiência de um milagre. A ira de Deus é algo que nenhum de nós experimentou na sua plenitude, ainda – nenhum de nós! Deus revelará sua ira contra o pecado do mundo um dia, mas ainda não o fez. Desde os dias de Noé ele não a manifestou; e se a experiência é o que valida a existência, então a ira de Deus não é real, pois não a experimentamos.

Listei vários exemplos para mostrar os rumos que tais crenças podem tomar. Questionamos os milagres, a existência do céu e, acima de tudo, do inferno; questionamos a ira de Deus e, também, o pecado, porque a experiência nos diz que as pessoas são muito boas! Sim, pessoas têm defeitos, mas minha experiência certamente me assegura que não são pecadoras fadadas ao inferno – aqueles seres humanos maravilhosos que moram na casa ao lado? Se a experiência for o teste, vou ter dificuldade em acreditar nisso.

O teólogo americano Helmut Richard Niebuhr (irmão de Reinhold Niebuhr) criticou o evangelho social quando escreveu sobre um "Deus sem ira", que "levou homens sem pecado a um reino sem julgamento por meio de mensagens sobre um Cristo sem uma cruz".[1] A frase acima resume bem as ideias devastadoras que se infiltraram na igreja. O que resta do evangelho? Quais são as boas novas? Se eliminarmos o inferno, se retirarmos o pecado, a ira de Deus, o que restará do evangelho?

A resposta é que seria preciso encontrar outro evangelho – e encontraram-no. Do outro lado estão aqueles que encontraram o que chamam de evangelho *social*, um novo "evangelho", cujas boas novas significam "cristianizar a ordem social". Também há os que creem no evangelho *psicológico*, o qual proclama que Jesus nos salva de nossas neuroses, que ele nos salva do complexo de culpa, em lugar dos nossos pecados. Ele nos salva de frustrações e de repressões, e a conversão é meramente uma integração psicológica.

Portanto, quer seja um evangelho social ou psicológico, essa fé se fundamenta, basicamente, no conceito de que o homem não é mau como os pregadores de antigamente anunciaram, e o inferno não é o destino do ser humano.

Por volta dos anos 1960, parecia que as duas guerras mundiais haviam estampado esse tipo de liberalismo. A guerra mostrou a dois jovens pensadores suíços, Karl Barth e Emil Brunner, que o homem não estava ficando

---

[1] Veja *The Kingdom of God in America* [O Reino de Deus na América], Chicago, 1937.

cada vez melhor, que o pecado era uma realidade, que a ira de Deus pelo pecado é real e que a guerra é um exemplo das consequências produzidas pela natureza humana caída. Barth e Brunner tornaram-se nomes famosos na teologia do século 20, e é possível encontrar seus livros na estante de todo pastor. Moveram o pêndulo para trás e voltaram a pregar sobre o pecado, sobre o sacrifício na cruz; eles voltaram a pregar sobre a ira e a misericórdia de Deus, e, por um tempo, parecia que o evangelho voltaria a ser anunciado novamente como fora um dia por nossos antepassados. Mas, infelizmente, isso não aconteceu. Por quê? Porque, embora tenham voltado a falar sobre o pecado, sobre o sacrifício de Jesus e tudo o mais, deixaram um assunto de fora, algo crucial: não voltaram a crer que a Bíblia é a Palavra de Deus. Permaneceram com a ideia liberal de que a Bíblia era um livro de experiências humanas como qualquer outro livro, e que deveria ser tratado daquela forma. A Bíblia deveria ser examinada da mesma maneira que um almanaque histórico ou a Carta Magna – a Constituição – eram analisados.

O problema foi tentar voltar para o evangelho bíblico sem voltar a considerar a Bíblia como a Palavra de Deus; e o resultado provou que, sem a Bíblia, as pessoas não permanecem. Não poderemos pregar o que está na Bíblia se não acreditarmos que ela é a verdade. Não conseguiremos convencer as pessoas da verdade que a Bíblia ensina se nós mesmos não estivermos convencidos de que ela é um livro verdadeiro. Dessa forma, os ponteiros começaram a voltar para o liberalismo, que adquiriu outro nome. Passou a ser chamado de "radicalismo", mas é o mesmo conceito com uma nova roupagem, difundido por autores como Rudolf Karl Bultmann e Paul Tillich – a propósito, ambos eram alemães. Novamente, iniciou-se uma onda de filosofia e teologia até que influenciadores, como o bispo de Woolwich, na Inglaterra, e outros, nos Estados Unidos, retrocederam tanto que teólogos que treinavam futuros pastores anunciaram: "Deus está morto". O que queriam dizer com isso? Não estavam afirmando que haviam deixado de crer em Deus. Significa que o Deus dos ultrapassados pregadores estava morto. Um cartaz que exibimos na Páscoa dizia: "Nosso Deus não está morto. Lamento a morte do seu". A expressão "Deus está morto" significava que o Deus que meu avô cria estava morto, o Deus que se irava contra pecadores e que os enviaria para o inferno. Essa foi outra ideia do século 20.

Pediram a um professor de história da igreja da Universidade de Yale, à época, que comentasse sobre o caos da fé nas igrejas protestantes, e ele disse: "Não temos certeza do que acreditamos, mas o que importa é que estamos unidos em nossa incredulidade". Se essa é a única unidade que podemos ter, não causaremos nenhum impacto no mundo. A unidade deve estar baseada na verdade. Devemos estar em acordo sobre o que cremos, só assim poderemos causar impacto.

Dois grupos resistiram fortemente ao liberalismo. De um lado, os católicos-romanos resistiram porque acreditavam que a experiência não era o teste, mas a igreja. E em 1950, o papa promulgou um novo dogma, a assunção corpórea de Maria depois de sua morte; a assunção de seu corpo para o céu passou a fazer parte da fé cristã. Foi assim que ele assegurou, para Roma, que a igreja é o árbitro supremo da verdade.

O outro grupo que resistiu a esse movimento – e graças a Deus a maioria dos protestantes está nesse grupo, foram os evangélicos, que disseram: "Para nós, a Bíblia é o árbitro da verdade sobre Cristo, não é a igreja nem a experiência do homem. Ambas devem ser examinadas pela Palavra de Deus revelada nas Sagradas Escrituras". Penso que os evangélicos encontraram ao menos um porta-voz na figura do mais famoso pregador do século 20, um batista chamado Billy Graham, cujo bordão "a Bíblia diz..." tornou-se uma expressão genuína e popular do ponto de vista evangélico. O liberalismo foi o primeiro "ismo". O segundo a se tornar um grande fator, na década de 1960, foi o ecumenismo. O arcebispo William Temple disse: "Esse movimento é o grande fato novo de nossa era". Primeiro, vimos um "ismo" que é inteiramente corrompido. Agora, falo sobre outro, que é muito complexo por ser tão heterogêneo – e quero ser justo. Primeiramente, examinemos a palavra "ecumênico". É uma palavra usada por muitos, mas compreendida por poucos. Origina-se da palavra grega *oikumene*, que significa "todo o mundo habitado" (habitar deriva de *oikein*), e essa palavra foi adotada para representar um movimento pela unidade de cristãos do mundo habitado, a esfera ecumênica.

Vejamos como o movimento se desenvolveu. Algumas datas importantes são 1910, 1948 e 1961. Em primeiro lugar, houve um movimento semelhante anterior a 1910. Todos os livros que li sobre o ecumenismo dizem que ele começou em 1910. Mas isso não é verdade, pois surgiu anos antes, no século 19. Pode-se dizer que seu início se deu quando William Carey sugeriu que cristãos de todo o mundo se encontrassem no Cabo da Boa Esperança para uma confraternização. Essa foi a primeira proposta de busca por unidade, no final do século 18. Mas foi no século 19 que os cristãos sentiram necessidade de unidade. Observe que foram os evangélicos que sentiram necessidade de unidade e que tomaram a primeira iniciativa nesse sentido.

A Aliança Evangélica foi criada em 1846 e começou a diminuir o abismo entre as denominações. Movimentos como o SCM [Movimento Cristão Estudantil] e a YMCA [Associação Cristã de Moços], que eram inteiramente evangélicos quando foram criados, passaram a buscar unidade entre cristãos de diferentes denominações. Em

1875, as Conferências de Keswick adotaram os dizeres: "Somos todos um em Cristo Jesus" e reuniram cristãos de todas as denominações. No início do século 20, havia muitos movimentos dessa natureza, como o Federal Council of Evangelical Churches [Conselho federal de igrejas evangélicas – em livre tradução], na Grã-Bretanha. Tempos depois, a palavra *Evangelical* seria substituída pela palavra *Free*, tornando-se, então, The Free Church Federal Council [Conselho federal de igrejas livres – em livre tradução].

Na mesma época, denominações em todo o mundo começavam a formar associações denominacionais mundiais, como a Aliança Batista Mundial e o Concílio Metodista Mundial. Essas foram criadas na primeira década do século 20, e o objetivo era proporcionar unidade evangélica dentro das denominações e das associações denominacionais internacionais que se formavam. Esse foi o padrão até 1910.

Em 1910, missionários de todo o mundo se reuniram em Edimburgo porque havia uma preocupação. Simplificando, alguém visita a Índia e, ao encontrar um cristão indiano, diz: "Que prazer conhecer um cristão indiano", ao que o cristão indiano responde: "Mas sou um batista canadense!" Situações bobas como essa causaram certa preocupação. Quando levamos nossas ideias, nossas organizações e nossos rótulos para todo o mundo, em vez de levar pessoas a Cristo, produzimos mais ideias, organizações e rótulos. De modo geral, situações como essa não aconteciam com tanta frequência na América Latina na década de 1960, mas era algo recorrente em organizações missionárias em todo o mundo no século 19, e era notório que havíamos encarcerado os cristãos em seus pequenos nichos, isolando cada um de acordo com seus rótulos. Por fim, os missionários se reuniram em 1910 afirmando: "Isso é ridículo. Qual a solução?"

Há duas respostas possíveis, mas infelizmente apenas uma foi abordada. Uma solução é acabar com os rótulos denominacionais e, por fim, com as denominações. A outra é unir todos sob uma única grande denominação. Apenas a segunda opção foi levada em consideração, e a conferência teve algumas consequências. Com relação à América Latina, houve incentivo para que os evangélicos se unissem, formando a União Evangélica Sul-Americana (UESA) em 1911.

Vários outros movimentos surgiram do encontro em Edimburgo; um examinaria crenças, a comissão "Fé e Constituição"; outro, o comportamento, a comissão "Vida e Trabalho". Ambas as comissões gradualmente se fundiram até que, em 1938, foi criado o Conselho Mundial de Igrejas [em inglês, World Council of Churches, WCC]. A Segunda Guerra impediu qualquer ação do conselho; somente em 1948 o WCC pôde se reunir em Amsterdã sob o novo nome.

Muitas organizações foram criadas entre 1910 e 1948. No Canadá, em 1925, metodistas, congregacionais e presbiterianos criaram a Igreja Unida do Canadá. No Sul da Índia, em 1947, metodistas, congregacionais, presbiterianos e anglicanos criaram a Igreja do Sul da Índia. Em 1929, na Escócia, três grupos distintos de metodistas criaram a Igreja Metodista.

No WCC, 147 denominações de 44 países declararam intenção de se unirem. Esse número parece impressionante, mas a maioria não se associou ao WCC. Muito se ouviu a respeito desse Conselho nos anos 1960 e nas décadas seguintes, e muitos pensavam que essa fosse a única união de cristãos. Mas é apenas uma entre muitas. As Igrejas Ortodoxas Orientais se associaram, mas nunca incluíram os católicos-romanos, que mantêm uma discreta distância, embora sejam simpatizantes da ideia. A grande maioria dos batistas ou evangélicos em geral nunca foi incluída, mas ramos dos grupos anglicanos, metodistas, presbiterianos e congregacionais fazem parte do movimento.

Em 1961, na reunião do WCC em Nova Déli, houve uma mudança na ênfase de "unidade" para "união". Foi feito um apelo às igrejas para que houvesse não apenas unidade entre as igrejas, mas para que todos buscassem união; "unidade" passou a ser definida como "união organizada".

Em meados dos anos 1960, a Conferência sobre Fé e Ordem de Nottingham, na Inglaterra, adotou essa ideia e, com um apelo ressonante e criativo, pediu às igrejas da Grã-Bretanha que organizassem, na Inglaterra, até a Páscoa de 1980, uma união orgânica das denominações, e essa data mexeu com o imaginário de muitas delas. Anglicanos e metodistas engajaram-se em negociações, assim como presbiterianos e congregacionais. Por que os católicos-romanos ficaram de fora? Justamente porque eles acreditam, em última análise, que a *igreja* é o árbitro da verdade. Por que evangélicos ficaram de fora? De modo geral, porque eles acreditam que a *Bíblia* é o árbitro supremo da verdade.

Desde 1910, o movimento ecumênico tem sido um grande parceiro do pensamento liberal. Muitos cristãos notáveis tomaram parte; entre eles, homens do calibre e estatura de John R. Mott, Joseph H. Oldham, do bispo George Bell e muitos outros já mencionados. O fato de evangélicos não aderirem ao movimento não significa que pensem que os envolvidos não são cristãos; estão dizendo: "Não acreditamos que a igreja de Cristo seja composta por denominações; acreditamos que ela é constituída por todos aqueles que são nascidos de novo pelo Espírito Santo. Não acreditamos que unidade deva ser alguma organização visível. Acreditamos que Cristo, na noite antes de morrer, orou para que seus discípulos fossem um, como ele e o Pai são um, uma unidade invisível, uma unidade de coração, mente e propósito".

Os evangélicos entendem que, enquanto não houver unidade de coração, mente e propósito, a unidade organizacional é um escárnio da verdadeira. Por esse e outros motivos, a maioria dos evangélicos do mundo ficou de fora. Ainda assim, muitos evangélicos desejam conversar e ter comunhão com cristãos sinceros que pertençam ao Senhor e que estejam se esforçando, dentro do movimento, para ver se a organização produz um fruto verdadeiro.

A pergunta mais importante sobre o ecumenismo e que, em minha opinião, precisa de resposta é: "Qual foi a inspiração original? É satânica, humana ou divina?" Isso pode soar como uma pergunta absurdamente blasfema, mas eu creio que há fundamento para as três possibilidades, pois existe uma combinação das três. Não existe um alerta vermelho nem um verde, mas um alerta amarelo dizendo: "Cuidado, siga com cautela". Como disse Gamaliel: "Se o propósito ou atividade deles for de origem humana, fracassará; se proceder de Deus, vocês não serão capazes de impedi-lo, pois se acharão lutando contra Deus".

Acredito que a igreja de Jesus Cristo jamais será visível deste lado da eternidade. Penso que se todos se unissem em uma única organização hoje, semana que vem alguém criaria uma divisão e abriria sua própria comunidade, mas a verdadeira unidade é a unidade do Espírito Santo, que se encontra em todo cristão, de qualquer denominação, que tiver nascido de novo no Espírito e que amar o Senhor Jesus. Podemos encontrar alguns deles espalhados pelas igrejas, e quando os encontramos, em minutos sabemos que podemos ter comunhão com eles. Essa é a essência da unidade.

O único ponto positivo que surgiu desse movimento, a meu ver, foi estimular evangélicos a formar uma unidade mais estreita tanto pela Fraternidade Mundial Evangélica Congregacional quanto por meio de grupos evangélicos locais e nacionais. Tem havido aproximação entre cristãos que amam o Senhor e sua Palavra na Inglaterra e em outros países, a qual se consolidará cada vez mais no futuro.

O terceiro "ismo" que veremos é o pentecostalismo, que surgiu no início do século 20. Curiosamente, por tirar a maior nota em algumas provas, recebi um livro sobre a história da igreja – um exemplar volumoso, escrito por um grande acadêmico americano batista, chamado Kenneth Scott Latourette; uma publicação maravilhosa sobre os dois mil anos da igreja. Tenho uma dívida com ele. Seu livro é uma maravilhosa compilação de fatos, com cerca de 1.500 páginas. Mas procurei, em vão, encontrar alguma menção sobre o rápido crescimento do movimento evangélico, hoje o maior grupo protestante do mundo – os pentecostais. Não há uma única menção, e o livro abrange a história da igreja até 1950. Um grande vazio. Entendo que esse seja o grupo mais jovem de todos, mas nos anos 1960, sem dúvida esse foi o movimento que mais cresceu, especialmente na América Latina, mas também na América do Norte, África e partes da Ásia.

O pentecostalismo, como o próprio cristianismo, nasceu em um estábulo; mais precisamente, na Rua Azusa, em Los Angeles, no ano de 1906. Algumas pessoas oravam fervorosamente por um avivamento do Espírito de Deus, pois sentiam que se o Espírito Santo não fizesse algo novo no começo do século que se iniciava, tudo daria muito errado. Alguns eventos começaram a acontecer, os quais eles mesmos não compreenderam no início, mas entenderiam mais tarde.

Um pastor metodista em Oslo, Noruega, Rev. Thomas Ball Barratt, viajou a Nova York buscando mais informações. Ele obtivera ajuda durante o avivamento no País de Gales, em 1904, mas percebeu que havia algo diferente nos Estados Unidos. Foi a Nova York, mas não a Los Angeles; e retornou à Noruega com uma marcante experiência com o Espírito

ALGUNS DESDOBRAMENTOS DO SÉCULO 20

Santo. O Rev. Alexander Boddy, da Igreja Anglicana de Todos os Santos, na cidade inglesa de Sunderland, procurou Barratt e convidou-o a visitar sua igreja; do encontro resultou um avivamento em Sunderland, no ano de 1907. O pentecostalismo começou pequeno em Los Angeles, Oslo, Sunderland, no condado de Durham, e hoje é o maior grupo protestante; nos anos 1960, contava com cerca de 30 milhões de membros e de muitos adeptos. Na verdade, batistas e pentecostais formam os maiores grupos protestantes.

Na América Latina, o crescimento pentecostal foi surpreendente. Um pastor metodista trabalhava ali como missionário juntamente com um grupo de metodistas americanos e lhe foi pedido que deixasse o grupo por causa de sua inclinação pentecostal. À época, o grupo contava com quatro mil membros. Dez anos mais tarde, a missão que ele deixara ainda contava com quatro mil membros e o grupo que resultou do avivamento, com 25 mil membros. (Nos quarenta anos seguintes, desde o final da década de 1960, foi observado um crescimento ainda mais notável.)

As pessoas passaram a se interessar pelo movimento; especialmente em 1960, quando o que foi (erroneamente) chamado de "neopentecostalismo" começou a surgir nas denominações mais tradicionais, como na Igreja Episcopal dos Estados Unidos, espalhando-se rapidamente para outras igrejas.

Sem entrar em pormenores históricos, abordarei a base doutrinária. O que está no centro do movimento que chamamos de pentecostalismo que abrange os primeiros sessenta anos do século 20? Depois de muita leitura, de certa vivência e de muita comunhão e debates com pentecostais, chego à conclusão de que o que descrevem como a essência dessa corrente seja uma verdadeira convicção de experiências sobrenaturais. Isso está expresso em dois ensinamentos fundamentais, e a responsabilidade recai sobre todos os que não são pentecostais, para que meditem nas Escrituras, como fizeram os discípulos em Bereia: "examinando todos os dias as Escrituras, para ver se tudo era assim mesmo".

O primeiro ensino é que existe um batismo no Espírito Santo, o qual corresponde a uma experiência consciente a ser buscada por todo cristão, que não é automática nem inconsciente no momento da conversão, mas uma experiência que pode ou não ocorrer no momento da conversão; se não for nesse instante, deverá ser buscada mais tarde. O segundo diz que o batismo no Espírito tornará possível a prática de habilidades sobrenaturais, chamadas na Bíblia de "dons do Espírito", dons de cura, dom para louvar a Deus em outras línguas, dons de interpretar tais línguas, dons de operar milagres, dons de conhecimento notável, dons de sabedoria sobrenatural, dons de fé e assim por diante.

Antes de os pentecostais se manifestarem, era amplamente aceito em outras igrejas que as experiências que lemos na Bíblia haviam cessado com os apóstolos, e que o poder do Espírito Santo apresentado no livro de Atos foi um impulso, como acontece no lançamento de um foguete – uma vez que o foguete atinge sua órbita, a parte do foguete que serviu de impulso é ejetada. Uma vez que a igreja surgiu, as manifestações deixaram de ser necessárias. Essa era a visão geral.

Mas no final dos anos 1960, foi preciso fazer a pergunta: "Existe algo na Bíblia que afirme que esses dons não são para nós hoje?" Examinei as Escrituras e não consegui encontrar nada que dissesse que os dons não são para nossos dias. Isso significa que, como afirmavam os pentecostais, o trecho de 1Coríntios 12 a 14 precisava ser considerado com seriedade pela igreja, e que a manifestação daqueles dons ainda era possível; assim, o Pentecoste não era apenas uma data comemorativa no calendário religioso, mas uma experiência para todo crente que buscasse tal poder.

Todo poder traz perigos, claro, e os abusos, os excessos, as divisões, o sentimentalismo e o fanatismo que surgem eventualmente são bem conhecidos – na verdade, o estudo das cartas de Paulo aos Coríntios mostra que os dons eram acompanhados pelos mesmos excessos. Mas Paulo não diz: "Descartem os dons porque há abuso!", assim como não disse: "Descartem a Santa Ceia" porque as pessoas estavam se embriagando na Santa Ceia. A resposta para as pessoas que se embriagavam na Santa Ceia era que não deixassem se celebrá-la, mas que parassem com os excessos, e Paulo teria dito que a resposta para o abuso dos dons espirituais não era que cessassem os dons, mas que fossem usados correta e apropriadamente, pois existe uma maneira correta de usá-los.

Uma das grandes ausências no movimento pentecostal é o sólido ensino bíblico de que tudo deveria ser realizado de forma ordeira e decente – isso manteria tudo como Deus planejou que fosse. Há quatro defesas básicas contra abusos e excessos: a *Palavra de Deus*, que nos ensina a usar os dons para a edificação de outros; a *razão* do homem, pois não deve haver tanta ênfase nas emoções que elimine a razão; a *disciplina* da igreja; e a *santidade* do crente. Uma vez ciente dessas quatro salvaguardas, percebi que isso poderia ser de grande ajuda à igreja, mas, sinceramente, quando tudo começou, a maior parte das igrejas agiu como odres velhos que recebem vinho novo.

Listo aqui algumas das coisas que aprendi com o movimento pentecostal e que acredito que toda igreja precisa aprender. Esse é um movimento de *pessoas comuns* [povo, gente simples]. Não estou sendo desrespeitoso, mas falo com muita franqueza. Abraham Lincoln disse: "Deus deve amar os homens medíocres. Fez vários deles". O que quero dizer é que igrejas que dependem de dons naturais tornaram-se lugar de burgueses e da classe média, mas o pentecostalismo nos mostra que os dons sobrenaturais não fazem separação entre as pessoas e que todos que amam o Senhor e são cheios com o Espírito podem liderar a igreja. Assim, há fundamento na crítica feita à dura frase: "A burguesia eclesiástica e o proletariado pentecostal". Mas esse foi o movimento no século 20 que quebrou as restrições tradicionais da igreja; acho que isso é algo positivo e que pode nos ensinar muito. Deus concede os dons espirituais independentemente de classe, nome de família, escolaridade, o tamanho da sua casa – ele os distribui como bem entender.

A segunda coisa que aprendi é que, se as pessoas são movidas a falar em línguas em louvor a Deus, *elas serão movidas a testemunhar de Deus*, e um dos motivos por que cristãos não falam tanto de Cristo fora da igreja é porque não falam tanto com Cristo dentro da igreja; tenho certeza de que a adoração flui quando o Espírito inspira as pessoas a levantar a voz em louvor na congregação, e ele capacita qualquer um para fazer isso. Trata-se do louvor congregacional do qual já falei.

Este é meu maior aprendizado: *fé para esperar Deus se mover no nosso meio*. A resposta final para o pensamento "Deus está morto" é ver a obra do Espírito Santo. Essa é uma resposta incontestável. O mover do Espírito Santo contesta o pensamento "Deus está morto" e declara que Deus, o Deus "antiquado" em quem cremos, ainda vive e ainda é capaz de salvar e de transformar vidas e de realizar milagres.

Crer em um Deus vivo, em um Deus *miraculoso e sobrenatural* – foi isso o que aprendi.

Vimos que o século 20 foi um período muito difícil para a igreja, mas não impossível. "Para Deus todas as coisas são possíveis". Algumas' portas se fecharam, mas outras foram abertas, como a América Latina, por exemplo. Mais tarde, outras regiões fechadas em tempos passados também se abriram.

Talvez não tenhamos visto isso acontecer na Inglaterra, mas a igreja cresceu em todo o mundo, mesmo no final dos anos 1960. Um fato encorajador é que a Bíblia continuava a ser o livro mais vendido. Os tradutores da Bíblia Wycliffe, que iniciaram o trabalho em 1933, traduziram-na para milhares de idiomas. Há mais de 3.600 línguas no mundo e cerca de 1.600 traduções foram completadas em 1933; os tradutores dessa obra, com a frase "faltam duas mil línguas", disseram: "Vamos traduzir as que restam para que todos possam ler a Palavra de Deus em sua própria língua".

No Reino Unido, rádio e televisão não transmitiam programas para cristãos nos anos 1960, como acontecia em outros países, mas isso mudou radicalmente com a chegada da transmissão comercial por satélite, a cabo e a internet.

Acima de tudo, no decorrer do século 20 cresceu o zelo pela obra missionária, que não parou com a chegada do século 21. Os Estados Unidos estão na linha de frente desse trabalho, a Grã-Bretanha deixou de ser líder mundial no envio de missionários e de recursos, mas os americanos continuam na vanguarda. Contudo, um dos fatos mais notáveis do século 20 é que as jovens igrejas da África, Ásia e América Latina desenvolveram um pensamento missionário e enviam evangelizadores. Isso alterou o processo da OMF Internacional (antiga Missão para o Interior da China), que mudou sua sede da Grã-Bretanha para Singapura, para que fosse possível enviar cidadãos de suas igrejas para outras nações. As missões não eram mais somente do Ocidente para o Oriente nem do Norte para o Sul. Chegou o dia em que cristãos daqueles países começaram a chegar ao Reino Unido para pregar aos pagãos da Grã-Bretanha que não conheciam o Senhor Jesus Cristo.

12

A IGREJA NO FUTURO

No final dos anos 1960, conheci cristãos muito pessimistas, que pensavam que a igreja estava chegando ao fim e que o cristianismo acabaria. Como sabemos, isso não aconteceu. Um dos fatos mais animadores é o crescimento contínuo da propagação mundial de Bíblias nos mais diversos idiomas, além da fome pela Palavra de Deus. As pessoas ainda desejam ouvir boas notícias porque há muitas más notícias em todo lugar – e a Bíblia contém as boas novas.

Quando a igreja primitiva passou pelas primeiras dificuldades e alguns cristãos foram presos, um sábio homem que assistia ao julgamento e ouviu os argumentos disse: "Neste caso eu os aconselho: deixem esses homens em paz e soltem-nos. Se o propósito ou atividade deles for de origem humana, fracassará; se proceder de Deus, vocês não serão capazes de impedi-los, pois se acharão lutando contra Deus".

Aquelas foram as palavras de Gamaliel – dignas de serem lembradas durante a leitura. Acredito que no ano de 1900 as pessoas pensavam que, um dia, a igreja seria aceita e estaria em todo o mundo – todos iriam se converter e este seria um mundo cristão. De modo geral, esse era o pensamento cristão no começo do século 20. Os cristãos foram tomados por uma onda de otimismo com a expansão do Império Britânico e tudo o mais. As letras de muitos hinos e cânticos missionários escritos naquele século trazem uma clara visão otimista. Mas não creio que o que esperavam virá a acontecer. Minha esperança não está centrada na capacidade da igreja de converter a população mundial. Na verdade, a explosão populacional é um desafio, e poucos cristãos hoje pensam daquela forma.

Se em 1900 supunha-se que a igreja estaria em todo lugar, em 1950 muitos diziam que a igreja estava perto do fim, enxergavam-na sob um ponto de vista pessimista, que supunha que a igreja estava morrendo. Concordo que muitas igrejas passam essa sensação, mas é uma conclusão errônea.

Vamos examinar as últimas décadas e, depois, o futuro, que abrigará alguns eventos sem datas definidas; enfim o futuro definitivo da igreja na eternidade, um tempo além da história.

Eu poderia passar muito tempo com especulações a respeito da crença e conduta da igreja. Listarei algumas. Acredito que, na história, a igreja jamais será uma unidade visível e observável em alguma organização.

Também acredito que a igreja se tornará menos institucional e menos eclesiástica. Penso que o cristianismo futuro será um cristianismo informal, que poderá não precisar de edifícios, e poderá não ter sacerdotes com suas vestes especiais – poderão surgir espontaneamente em todo lugar, em suas casas, no local de trabalho, de muitas formas.

Acredito que a liderança da igreja passará do hemisfério Norte para o Sul e que as igrejas que, tradicionalmente, são os "emissores" do evangelho e do cristianismo precisarão se tornar os "receptores", o que poderá humilhá-los grandemente.

Com relação aos credos, voltemos à tríplice divisão entre católicos, liberais e evangélicos (ou o rótulo que estiverem usando; por exemplo, muitas vezes os evangélicos são chamados de fundamentalistas, liberais, neo-ortodoxos).

Esses são os três grupos. No final da década de 1960, previ que todos os que estavam no grupo dos "liberais", ou seja, as principais denominações, a saber, anglicanos, presbiterianos, metodistas e congregacionais, em muitos países, teriam a tendência de se aproximar e se unir, como aconteceu no Canadá, no Sul da Índia e no Paquistão. Também na Inglaterra, onde anglicanos e metodistas caminham juntos, e como congregacionais e presbiterianos, que criaram a Igreja Reformada Unida.

Também arrisquei afirmar que essas uniões não fariam muita diferença no impacto que exercem no mundo. Em resumo, é a verdade que causa impacto, não a unidade, e as pessoas não abandonam a igreja porque não estão unidas, mas porque estão confusas, não sabem em que realmente crer.

Quem anuncia com clareza em que devemos crer? Restaram católicos e evangélicos, sendo que um grupo diz que a igreja é a máxima autoridade, o outro diz que é a Bíblia.

Penso que, se os católicos ajustarem seu método, como têm feito, farão muito progresso. Estão perdendo terreno no Sul da Europa, mas ganhando algum espaço na região Norte da Europa e no restante do mundo.

Os evangélicos ficarão unidos por um lado e divididos por outro, por diversos motivos. Essa tendência ficará mais evidente nas próximas décadas.

Toda essa especulação resulta em uma grande suposição: que as tendências atuais seguirão na mesma direção. Mas o único fato não considerado é a possibilidade de o Espírito Santo de Deus tomar o controle da situação, o que poderia mudar totalmente tudo o que foi dito, porque eu não vejo limites para o que o Espírito Santo pode fazer em qualquer pessoa ou igreja, de qualquer denominação ou país, e as tendências de hoje podem ser inteiramente modificadas. Isso aconteceu algumas vezes na Inglaterra, o Espírito

Santo trouxe avivamento a este país e a história mudou. Que Deus nos permita viver para presenciar tal avivamento em nosso país, mas que fique registrado que não será como os anteriores. Nenhum avivamento é igual aos outros, é preciso analisar cuidadosamente para perceber onde Deus está agindo; muitas vezes, ele opera em lugares inesperados através de pessoas inesperadas.

Tudo isso é especulação e não leva em conta o que o Espírito Santo pode fazer, mas listo a seguir algumas das coisas que Deus diz nas Escrituras.

Primeiro, o evangelho alcançará todas as nações do mundo. Há cristãos em todos os continentes, mas até recentemente ainda havia algumas áreas no mundo em que o evangelho não havia chegado. Acredito que Deus deseja que o evangelho seja levado a cada nação, tribo, povo, língua. Se Deus quer, acontecerá, e a igreja vai cumprir seu querer. Isso não quer dizer que todos se converterão, mas que todos ouvirão e, com os modernos meios de comunicação em massa, acredito que essa seja uma realidade que estará a nosso alcance.

Em segundo lugar, ele também disse, claramente, que muitos ficarão escandalizados e o amor de muitos cristãos esfriará – em outras palavras, será um mundo de cristãos apóstatas. Essa é uma imagem trágica e sinistra, mas está na Bíblia e não posso evitá-la. A Grã-Bretanha está repleta de cristãos apóstatas. Se você perguntar a qualquer britânico: "Você frequentou a Escola Dominical e ouviu sobre Jesus quando era criança?", ficará impressionado em saber quantas pessoas, ainda jovens, abandonaram a igreja porque seu amor esfriou.

E por quê? Por muitos motivos: falsos ensinamentos, conceitos deturpados sobre o cristianismo, pregadores que brincam com os fiéis apresentando ilusões e fábulas e falando o que as pessoas querem ouvir, falando de novidades em vez de pregar o que foi feito no passado.

Mas o principal motivo será minha terceira previsão, com base nas Escrituras: a perseguição de cristãos irá aumentar mais e mais. Será cada vez mais difícil ser um discípulo de Jesus Cristo, e a igreja de Jesus deverá se preparar agora para os difíceis dias à frente. Será mais e mais difícil ser cristão quando a história estiver caminhando para seu catastrófico desfecho.

Esse é o futuro próximo. Vejamos o período intermediário da igreja. Qual é o próximo grande evento mundial? Há trezentas menções sobre ele no Novo Testamento, mas não é a cruz – ela também é mencionada trezentas vezes, mas o evento da cruz já ocorreu. O evento de que falo é o retorno do nosso Senhor Jesus Cristo ao mundo de forma física, visível, em um corpo que leva as marcas dos cravos que o pregaram à cruz. Quando isso acontecer, a situação da igreja terá mudado radicalmente.

Todo cristão que ama a Palavra de Deus crê que Jesus Cristo voltará um dia, mas os cristãos estão divididos, ou em desacordo, sobre os eventos que se darão antes e depois da sua vinda. Vou abordar esses dois aspectos em breves palavras, segundo meu próprio entendimento. Depois de estudar o Novo Testamento por anos, registro aqui minhas conclusões e peço que examinem o que encontrarem na Bíblia.

Usarei a terminologia bíblica, aceita por muitos cristãos, dos três eventos abordados aqui: Tribulação, Arrebatamento e Milênio. Acredito que concordamos sobre o Arrebatamento, mas há algumas diferenças no entendimento a respeito da Tribulação e também do Milênio. Vejamos o que essas três palavras significam.

Em primeiro lugar, usamos o termo *Tribulação – ou Grande Tribulação*, uma expressão bíblica que descreve os últimos anos da história, em que haverá terríveis aflições. A palavra "tribulação", do latim *tribulum*, significa "problema"; a palavra *tribulum* era usada para designar uma espécie de prancha cravada de pontas, usada para debulhar o milho, separando-o da palha. Tribulação é o que se sente quando passamos pelo processo que nos rasga em pedaços. A Grande Tribulação, portanto, acontecerá nos anos finais da história, quando tudo estiver muito difícil. Serão anos de tirania, em que teremos um ditador mundial, uma religião mundial, um estado totalitário que, em troca de paz e segurança, irá subjugar a raça humana de forma física, mental e espiritual, ao estabelecer uma adoração arbitrária.

Conhecemos os horrores que um estado totalitário é capaz de praticar. Alguns de nós vivemos esses horrores, e um estado totalitário cedo ou tarde arrasta seu povo para a guerra e o sofrimento. Se multiplicarmos isso para uma escala mundial, teremos o que a Bíblia descreve como a Grande Tribulação. O apogeu de um governo autoritário no final da história será uma guerra colossal entre os povos.

Os cristãos divergem sobre os acontecimentos que envolvem a igreja durante a Grande Tribulação do final da história. Muitos cristãos genuínos, por quem tenho profundo respeito, mas de quem discordo em amor, acreditam que a igreja será retirada do mundo antes do período de tribulação. Essa é uma ideia que surgiu no século 19 e foi proposta por duas pessoas: Edward Irving, um presbiteriano, e John Nelson Darby, um pregador anglicano. J. N. Darby transmitiu o conceito para grupos conhecidos, como a Assembleia dos Irmãos, e publicou a Bíblia de Estudo Scofield, por meio da qual a ideia alcançou muitos outros cristãos. Mas posso afirmar que nunca encontrei essa doutrina nas Escrituras. Pode-se encontrar na Bíblia de Scofield e em muitos outros livros, mas não conheço alguém que tenha encontrado essa doutrina lendo apenas a Bíblia.

Outros acreditam que a igreja será retirada da terra após a primeira metade da tribulação; outros, e eu me incluo nesse grupo, acreditam que a igreja passará pela tribulação e que Jesus voltará no final, quando finalmente se unirá a ela. Esse é meu entendimento do que dizem as Escrituras. Penso que uma das formas de escapar desse período será por meio de martírio.

Mas por que haverá um tempo de tanta aflição para o povo de Deus? A resposta é muito simples. Dois grupos de pessoas nunca se encaixam em um estado totalitário: judeus e cristãos. Esses são os dois únicos grupos, em estados totalitários passados, que disseram: "Não adoraremos homens" – mesmo quando o preço a pagar era a perda de paz e segurança. O povo de Deus é o que mais sofrerá; e eu, pessoalmente, acredito que a igreja deva se preparar para esse período e para atravessar a tribulação da mesma forma que passou por outras, aguardando a volta de Jesus Cristo, que virá para resgatar sua igreja e unir-se a ela.

Se você não concorda com esse ponto de vista, nós discordamos em amor e que Deus nos abençoe. Mas vou pedir que você não leia Bíblias com comentários; use apenas a Palavra de Deus com a mente aberta e examine o que as Escrituras dizem sobre esse assunto.

Sobre o outro evento que acontecerá no futuro intermediário, o Arrebatamento, serei mais dogmático. O que acontecerá quando Jesus voltar? Se você nunca voou antes, saiba que voará. Esse é o versículo bíblico mais sonoro. A trombeta ressoará, o arcanjo bradará e, com grande voz, o Senhor descerá dos céus. Será um som alto o suficiente para despertar os mortos; as primeiras pessoas que encontrão o Senhor naquele dia serão os que já tiverem morrido, o segundo grupo que se encontrará com ele serão os que ainda estiverem vivos. Isso significa que uma geração de cristãos nunca morrerá. Não haverá mais funerais para esses crentes.

Será um evento muito emocionante. Ao mesmo tempo que é um pensamento preocupante.

Em certa conferência de Billy Graham, em Wembley, olhei ao meu redor e parecia haver cem mil pessoas cantando louvores a Deus nas arquibancadas; lembro que pensei: "Esta é uma grande reunião, mas como será encontrar Jesus nas nuvens?" Imagine encontrar todos os cristãos que já viveram! Não haverá estádio grande o suficiente na terra, por isso Jesus preparou o encontro nos ares. Lá haverá espaço para a multidão que virá de todas as nações, todos os que já morreram e os vivos unidos em uma grande reunião. Será o maior encontro de cristãos que já aconteceu. Também será entoado o mais longo cântico de louvor ao Senhor. Mas a Bíblia nos diz que os que se encontrarem com Cristo nos ares, naquela experiência eletrizante, serão levados e deixarão os outros para trás. Em umas das passagens mais sóbrias na Bíblia, Jesus diz: "Naquela noite duas pessoas estarão numa cama; uma será tirada e a outra deixada. Duas mulheres estarão moendo trigo juntas; uma será tirada e a outra deixada. Duas pessoas estarão no campo; uma será tirada e a outra deixada". Será um dia extraordinário quando Jesus reunir sua igreja. Gostaria de lhe perguntar se você tem certeza de que estará na grande reunião ao final da história. Você precisa ter certeza. Mesmo que seu marido, ou esposa, esteja certo de que estará lá, não significa que você estará. Você pode arrastar seu cônjuge incrédulo para os cultos, mas não será capaz de levá-lo para o grande encontro com Jesus. *Uma será tirada* – disse Jesus – *e a outra deixada*. Mas que visão e que som irromperá quando nos encontrarmos com o Senhor Jesus. Foi o que meu avô quis expressar em sua lápide: "Que grande celebração!" – frase que confunde quem visita seu túmulo no cemitério.

O terceiro evento relacionado ao futuro intermediário é o Milênio – palavra oriunda do latim *millenium*, que significa "mil anos".[1] O Novo Testamento menciona um período de mil anos no final da história em que Cristo reinará sobre este mundo após seu retorno. Novamente, os cristãos têm entendimentos divergentes sobre esse evento. Alguns acreditam que esse número é simbólico e que não significa um período de tempo. Outros pensam que a igreja iniciará o período de mil anos, e Cristo voltará quando esse tempo estiver terminando. E outros acreditam, como eu, que haverá mil anos durante os quais Cristo mostrará o que pode realizar quando estiver governando sobre esta terra. Este mundo foi planejado para ser um mundo de Deus. O diabo apropriou-se dele e o tem dominado até o momento. "Sabemos que somos de Deus e que o mundo todo está sob o poder do Maligno" – Jesus chamou o diabo de "Maligno". Ele tem conduzido o mundo. Por que há guerras sendo travadas? Saiba que é porque Satanás está governando o mundo; se um conflito for resolvido hoje, semana que vem haverá outra guerra em algum outro lugar, porque é ele quem está por trás. Por que será que, com todo o conhecimento, recursos, ciência e educação que temos, não conseguimos criar um mundo feliz para nossos filhos? Porque Satanás tem controlado o mundo, esse é o motivo.

Que mundo maravilhoso seria se Jesus o governasse. Teríamos paz, porque haveria justiça. Teríamos tudo que Deus planejou que tivéssemos. Nem mesmo os animais seriam predadores de outras espécies. Acredito que Jesus, no final da história, mostrará o que pode fazer quando assumir o governo do mundo. Acredito que, um dia, o governo estará sobre os seus ombros, anseio por isso para o futuro. Na oração do Pai Nosso, a frase "na terra como no céu" aplica-se às três frases anteriores: "Santificado seja o Teu

---

[1] Outro termo que exprime essa ideia é "quiliasmo", do grego: *chiliasmos*.

nome...na terra como no céu"; "Venha o Teu Reino...na terra como no céu"; "Seja feita a Tua vontade...na terra como no céu". Essa frase aplica-se às três afirmações, e creio que haverá um Reino de Cristo e que os reinos deste mundo se tornarão o reino do Senhor, que o entregará de volta ao Pai, "a fim de que Deus seja tudo em todos".

Isso nos leva ao futuro distante que está por vir, o terceiro grande evento no futuro da igreja. Curiosamente, pouco se fala sobre o futuro distante da igreja, porque é algo inimaginável.

Meu único comentário sobre isso é: "Olho nenhum viu, ouvido nenhum ouviu, mente nenhuma imaginou o que Deus preparou para aqueles que o amam".

Por isso não há muito a dizer sobre o futuro distante. Posso afirmar que será tão diferente quanto o noivado é do casamento. O noivado é um período maravilhoso – estar apaixonado –, mas estar casado é muito melhor. E Paulo escreveu: "Eu os prometi a um único marido, Cristo"; um dia, o casamento será concretizado e o relacionamento com Cristo, no céu, será diferente do relacionamento que temos com ele hoje, assim como o relacionamento que temos com nossos cônjuges hoje é diferente do que tínhamos durante o noivado – e esse é o nosso anseio.

No céu, iremos adorar a Deus. É trágico ver pessoas murmurando sobre a demora dos cultos. Os batistas da antiga União Soviética, em Moscou, se reuniam por três horas; depois da guerra, as igrejas na Alemanha realizavam cultos de quatro ou cinco horas em locais abertos, sem telhados, sem aquecimento no inverno congelante; crentes da América Latina que não querem que o culto acabe. Por que na Grã-Bretanha dizemos: "O culto já passou de uma hora?"

Em primeiro lugar, dos sete dias que nos deu Deus, ele nos pede um, não apenas algumas horas desse dia. Um dia. No céu, vamos adorá-lo o tempo todo. Quando realmente amamos o Senhor, adorá-lo eternamente é o céu. Quando, aqui na terra, temos uma amostra do que será o céu, sentimos que podemos adorá-lo para sempre, não é mesmo?

Vamos adorá-lo e servi-lo dia e noite. Jamais se queixe que você trabalha muito para o Senhor, que está sobrecarregado. Você vai servi-lo dia e noite no céu. Trabalhar para o Senhor aqui é uma preparação para nossa futura missão, servi-lo dia e noite.

Não sei qual função exerceremos, ainda não sabemos os detalhes. Mas sei que não ficaremos sentados em uma poltrona o dia inteiro sob a legenda "descanse em paz". Teremos uma incumbência. Servirei a Deus e estarei ocupado com a obra do Senhor noite e dia em seu santo templo. Será um lugar movimentado e maravilhoso, eu não conseguiria descrever mesmo que já tivesse estado lá.

Paulo afirma ter sido "arrebatado ao terceiro céu". Esse é um futuro inimaginável para a igreja. A igreja não olha para o futuro imediato ou intermediário. Ela olha mais adiante e diz que existe um futuro distante que abrigará um novo mundo – um novo céu e uma nova terra – todos ali farão parte da igreja de Cristo. E pela primeira vez haverá o que sempre acreditei sem nunca ter visto: uma igreja santa, católica (que significa universal), apostólica, pois os apóstolos estarão no coração da igreja. Que glória!

Acredito que a única sociedade humana na terra que tem um futuro é a igreja, principalmente por ser a única sociedade na terra que jamais perdeu um único associado para a morte – é a única que cresce a cada minuto de cada hora, de cada dia, de cada semana, de cada mês, de cada ano, de cada década, de cada século, de cada milênio, e tem sido assim desde que Cristo disse: "Sobre esta pedra edificarei a minha igreja".

Aventurei-me a traçar o desenvolvimento dessa igreja. Muitas vezes, quando parecia que a igreja iria morrer, o

Espírito Santo levava a Palavra de Deus e o evangelho para os povos e ela ressurgia, voltando a crescer.

Há três virtudes cristãs: a fé, que se fundamenta no passado e nas obras que Deus já realizou; a esperança, que se fundamenta no futuro e nas obras que Deus fará; e o amor, que se fundamenta no presente. Uma vida cristã estará em desequilíbrio se for forte em fé, em amor, mas deficitária em esperança. Neste livro, procurei estimular sua esperança; e a palavra "esperança", para o cristão, não tem o mesmo significado que tem para outras pessoas, a realização de um desejo. Para o crente, "esperança" significa certeza absoluta do futuro.

Concluo com as palavras de um homem notável, o bispo John Charles Ryle, de Liverpool – um grande bispo anglicano do passado. Em seu livreto "A verdadeira igreja", ele finaliza dizendo: *Os homens imaginam que, se participarem desta ou daquela igreja, se receberem a comunhão, ou passarem por este ou aquele ritual, tudo estará bem com sua alma. Isso é uma completa ilusão e um terrível engano. Preste atenção: você pode ser um convicto anglicano, presbiteriano, batista ou metodista e, apesar disso, não pertencer à verdadeira igreja. E, se não pertencer, seria melhor, ao final, não haver nascido.*

**OUTROS LIVROS DE DAVID PAWSON
DISPONÍVEIS EM PORTUGUÊS**
www.davidpawsonbooks.com

A Chave para Entender a Bíblia – Antigo Testamento
A Chave para Entender a Bíblia – Novo Testamento
Uma vez salvo, salvo para sempre?
Quando Jesus voltar
Casar-se novamente é adultério, a menos que...
Por que Deus permite os desastres naturais?
Completando a Reforma de Lutero no Século 21
João 3.16 é a Síntese do Evangelho?

Série A Bíblia Explica
A Fascinante História de Jesus
A Ressurreição
Como Estudar a Bíblia
O Batismo no Novo Testamento
A Unção e o Enchimento do Espírito Santo
Os primeiros passos para se tornar um cristão
Seguro para sempre?
A Trindade
Como Estudar um Livro da Bíblia: Judas
O Fim dos Tempos
Graça: Favor imerecido, força irresistível ou perdão incondicional?
"Desgrecizando" a Igreja: O impacto do pensamento grego na fé cristã

EBOOKS

A maioria dos livros de David Pawson também estão disponíveis no formato ebook no site da Amazon e Kindle.

Para detalhes das edições em outros idiomas e uma lista completa do catálogo de títulos de David Pawson, visite o site:

www.davidpawson.com

E-mail: info@davidpawsonministry.com

www.ingramcontent.com/pod-product-compliance
Lightning Source LLC
Chambersburg PA
CBHW071322110526
44591CB00010B/987